Sub Reporte_Resumen()
Dim ws As Swrksheet
Dim Mith fila In DataRng.Rows
For Each fila In DataRng.Rows
Sub Ws: Id.Pepon:
Necronis As Deriege
If cel Is Numeric Then
Ef cel Isn
If Isj is Numeric Then
End If
Inicio
Proceso
Fin
ALT
CTRL

Título: Ingeniería de Macros: Cómo construir código profesional en Excel

Subtítulo: De macro grabada a código profesional

Autor: José Flores González
Prologo: Del Autor
Editorial: FloTe
Primera Edición: Agosto 2026
Diseño y maquetación de la portada: José Flores González

Existe una edición en inglés de esta obra, traducida y adaptada a partir del original en español. Se han realizado ajustes lingüísticos y culturales menores para garantizar la claridad y accesibilidad para lectores de habla inglesa, preservando la integridad del contenido original.

ISBN edición en español: **978-84-09-90588-1**
Depósito legal: **M-21745-2026**
ISBN English edition: **978-84-09-90995-7**
Depósito legal: **M-23113-2026**
FloTe ® N0492390/1

Sobre el Autor

José nació en Hornachos, Badajoz, España, en 1954.

Inició su andadura en el mundo del motor allá por 1970. En 1972 se unió al ejército, realizando el servicio militar en la Escuela de Automóviles de Getafe, donde continuó sus estudios durante los 22 meses de servicio. Una vez finalizado este periodo, y tras una breve "pausa" en la que desarrolló diversas actividades compaginadas con sus estudios, se incorporó en 1977 a la multinacional John Deere, en su factoría de Getafe, JD Ibérica.

Desarrolló su actividad en diversos departamentos: Tratamientos Térmicos, Prototipos, Ingeniería de Productos, y en la Escuela de Formación de John Deere de Getafe, como aprendiz de técnicas de marketing y relaciones técnico-comerciales con concesionarios, clientes y vendedores.

En 1981 asumió la responsabilidad de Jefe de Área Postventa, desde donde colaboró con otros centros de JD en Europa: Bruchsal, Saarbrücken, Zweibrücken y Mannheim en Alemania, y las factorías de Arc-lès-Gray y Saran en Francia. En esta área llevó la responsabilidad de la zona del Levante español, donde adquirió —para automatizar su trabajo— el primer PC que utilizó un empleado de JD Ibérica fuera de los departamentos de Ingeniería y Contabilidad (un Sinclair ZX Spectrum con CP/M como sistema operativo).

Se hizo responsable de las concesiones que ocupaban una buena parte de la península ibérica, desde Castellón de la Plana hasta Lorca, cerrando el "trapecio" al pasar por Hellín, Villarrobledo, Albacete, Utiel, entre otras localidades.

Pasados diez años, le requirieron para hacerse cargo como instructor de formación de concesionarios, vendedores, clientes y personal de la compañía. Impartió clases —junto a un excelente equipo humano— de técnica mecánica, marketing, finanzas, agronomía, etc., a agricultores especializados en labranza: siembra, cultivos, mínimo laboreo, manejo de aperos, cosechadoras…

Colaboró con la Escuela Técnica Superior de Ingeniería Agronómica de Madrid (UPM), junto a dos excelentes profesores, Doña Pilar Linares y Don Luis Márquez, de quienes guarda un grato recuerdo. De esa colaboración surgieron varias tesis doctorales.

¡Qué tiempos, qué grandes recuerdos!

Ahora, una vez jubilado, le ha dado por escribir.

A mi esposa Juani Tena

A ti, que conviertes cada día en un lugar más habitable con tu manera de estar. Tu paciencia me da suelo, tu ternura me da rumbo, y tu forma de mirar las cosas me recuerda lo que importa.

Este libro también es tuyo: nació en tus silencios que acompañan, en tus gestos que sostienen, en esa serenidad que siempre me alcanza. Gracias por ser presencia, calma y hogar.

Sin ti, estas páginas no tendrían el mismo pulso.

Ingeniería de Macros: Cómo construir código profesional en Excel

De macro grabada a código profesional

Índice

Prólogo:

P.1 El propósito de este libro

Cuando uno empieza a programar en Excel, lo hace con curiosidad y cierta magia: grabar una macro, ver cómo las celdas se mueven solas, cómo los datos se ordenan sin tocar nada. Es el primer contacto con la automatización, y también el primer paso hacia algo mucho más grande: entender cómo piensa un ordenador.

Este libro nació de esa evolución. De observar cómo un código grabado puede transformarse, paso a paso, en una herramienta profesional. De descubrir que detrás de cada línea hay una lógica, una estructura y una forma de pensar que se puede enseñar.

Aquí no encontrarás teoría abstracta ni fórmulas sin contexto. Encontrarás práctica, claridad y propósito. Cada versión del código representa una etapa del aprendizaje: desde la macro grabada hasta el algoritmo optimizado. Cada mejora tiene una razón, cada cambio una enseñanza.

El objetivo no es solo que aprendas VBA, sino que aprendas a pensar como un ingeniero de macros: alguien que diseña soluciones limpias, eficientes y mantenibles. Porque programar no es escribir código; es construir ideas que funcionan.

Este libro está hecho para quienes quieren entender el "por qué" detrás del "cómo". Para quienes disfrutan de la precisión, la elegancia y la satisfacción de ver un proceso bien diseñado. Y sobre todo, para quienes creen que el conocimiento se comparte mejor cuando se explica con claridad.

Bienvenido a *Ingeniería de Macros*. Tu viaje desde la macro grabada hasta el código profesional empieza aquí.

P.2 Cómo usar esta guía

Este libro está diseñado para acompañarte paso a paso en la evolución de una macro: desde la grabación inicial hasta la construcción de código profesional y optimizado. No necesitas conocimientos previos de programación; solo curiosidad y ganas de entender cómo funciona realmente Excel por dentro.

Puedes leerlo de principio a fin o utilizarlo como manual de consulta. Cada capítulo representa un nivel de madurez del código, y cada versión está explicada con detalle para que puedas comparar, aprender y aplicar las mejoras en tus propios proyectos. Si ya tienes experiencia, puedes saltar directamente a las secciones más avanzadas; si estás empezando, te recomiendo seguir el orden completo para comprender la lógica detrás de cada transformación.

Lo importante es que practiques. Copia el código, ejecútalo, modifícalo y observa cómo cambia el comportamiento de Excel.

Esta guía no solo te enseña a escribir macros: te enseña a pensar como alguien que diseña soluciones.

P.3 Qué aprenderás paso a paso

A lo largo de este libro verás cómo una macro sencilla, grabada automáticamente, puede evolucionar en cinco versiones distintas hasta convertirse en un algoritmo eficiente y elegante. Aprenderás:

1. cómo interpretar el código que genera la grabadora,
2. cómo limpiarlo y hacerlo más claro,

3. cómo eliminar dependencias de selección,
4. cómo trabajar con objetos de Excel de forma profesional,
5. cómo optimizar procesos usando arrays,
6. cómo ordenar datos con algoritmos reales como QuickSort,
7. y cómo estructurar tus macros para que sean mantenibles y reutilizables.

Cada paso tiene un propósito. Cada mejora está explicada. Cada versión te acerca a una forma más precisa, más lógica y más eficiente de programar. Al final del recorrido, no solo sabrás escribir macros: sabrás construir código que refleja una forma de pensar clara, ordenada y profesional.

Introducción

La programación en VBA suele comenzar con pequeños pasos: grabar una macro, modificar dos líneas, copiar y pegar código que funciona sin saber muy bien por qué. Todos hemos empezado así. Pero llega un momento en el que ese enfoque ya no basta. Las macros crecen, los datos aumentan, los procesos se vuelven lentos y el código se convierte en un laberinto difícil de mantener.

Este libro nace precisamente para acompañar ese salto: el paso de "hacer que funcione" a "hacerlo bien".

A lo largo de estas páginas recorreremos un camino completo de evolución técnica. Partiremos de una macro sencilla, escrita con los métodos más básicos, y la iremos transformando en una versión cada vez más eficiente, más limpia y más profesional. Veremos cómo eliminar dependencias innecesarias, cómo evitar el uso de Select y Activate, cómo trabajar con rangos de forma segura, cómo optimizar el acceso a la hoja y cómo sustituir operaciones lentas por estructuras en memoria.

Pero no nos quedaremos ahí. Daremos un paso más allá y entraremos en el terreno de la optimización avanzada: arrays, algoritmos de ordenación, trabajo en memoria y técnicas que permiten que un proceso que tarda minutos pase a ejecutarse en milisegundos. No solo aprenderás a escribir código mejor, sino a pensar como un programador que domina su herramienta.

Este libro no pretende ser un manual académico, sino una guía práctica. Cada versión del código está explicada línea por línea, cada decisión está justificada y cada mejora tiene un propósito claro. El objetivo es que puedas aprender, enseñar, comprender y aplicar estas técnicas en tus propios proyectos, independientemente del nivel desde el que partas.

Si alguna vez has sentido que tus macros podrían ser más rápidas, más limpias o más profesionales, este libro es para ti. Bienvenido a un viaje de transformación del código… y de la forma de programar.

En este libro recorrerás el camino completo desde la macro grabada hasta el código profesional en Excel. Aprenderás a dominar VBA, a depurar tus macros, a optimizar procesos y a aplicar técnicas de ingeniería de macros que te permitirán automatizar tareas de forma eficiente y fiable. Este enfoque progresivo te ayudará a comprender cómo se construye programación sólida en Excel y cómo transformar tus macros en soluciones profesionales.

Y, sobre todo, este libro te dará algo más importante que código: criterio. Criterio para decidir cómo estructurar tus macros, cuándo usar la hoja y cuándo no, cómo trabajar en memoria, cómo evitar errores comunes y cómo pensar como un programador que escribe soluciones duraderas, no parches temporales.

Nota previa a los ejercicios

Los ejemplos de este libro se basan en dos hojas de Excel muy sencillas:

Hoja "Ejercicios" En la columna AD, a partir de la fila 3, coloca texto, números y espacios. Por ejemplo: palabras sueltas, cadenas mixtas, números, nada o líneas con contenido irregular.

Hoja "Fallos 3 sesiones" Será la hoja donde la macro dejará el resultado procesado.

El objetivo del ejercicio es:

1. Tomar el texto de la columna AD desde la fila 3.
2. Copiarlo a la columna A fila 3 (A3) de la hoja "Fallo 3 sesiones".
3. Ordenar el texto de forma descendente.
4. Eliminar líneas vacías.
5. Eliminar líneas que contengan sólo números.
6. Generar un orden aleatorio del texto.
7. Convertir las fórmulas RAND() en valores para evitar cambios posteriores.

Nota: RAND() en una celda de Excel en español es ALEATORIO().

Este ejercicio es sencillo, pero sirve como base para mostrar **cinco formas distintas de programar en VBA,** desde una macro grabada hasta un método ultra optimizado. Cada versión resuelve exactamente el mismo problema, permitiendo al lector aprender de forma progresiva y estructurada.

Hoja "Ejercicios"

	AD
1	**Fallos**
2	
3	0
4	
5	0
6	5
7	
8	0
9	3
10	Piso
11	0
12	14
13	0
14	Brilla muy poco
15	Pila
16	0
17	
18	Basa
19	Pasa
20	0
21	Poco
22	Brilla
23	Mucho
24	Pesa
25	
27	bello / pelo

Nota: En estos ejercicios solo queremos las líneas que contienen palabras; los números y los espacios en blanco no son relevantes.

Pon Excel en modo programación y a medida vayas avanzando copia módulos que encontrarás más adelante en este libro, usando los siguientes nombres:

1. Sub MacroGrabada()

2. Sub Macro2()
3. Sub Fallos_3_Sesiones()
4. Sub Fallos_3_Sesiones_Optimizada()
5. Sub Fallos_3_Sesiones_Pro()
6. Sub Fallos_3_Sesiones_Ultra()

1. Los cinco módulos VBA (2-6) realizan exactamente las mismas operaciones.

Tarea 1 — Copiar datos desde *Ejercicios!AD3:AD…* a *Fallos 3 sesiones!A3:A…*

- **Principiante (Sub Macro2)** Usa .Select y .Copy.
- **Casi profesional (Sub Fallos_3_Sesiones)** Usa .Copy con muchos menos .Select.
- **Profesional (Sub Fallos_3_Sesiones_Optimizada)** Copia los valores directamente, sin usar el portapapeles.
- **Más profesional y más compacto (Sub Fallos_3_Sesiones_Pro)** Elimina todo lo que no aporta valor: variables redundantes, rangos intermedios, concatenaciones innecesarias.
- **El más profesional y ultra compacto (Sub Fallos_3_Sesiones_Ultra)** ¿Qué hace esta versión que ninguna de las otras hace?
    - ✓ **Procesa todo en memoria** No toca la hoja hasta el final → velocidad extrema.
    - ✓ **Filtra palabras sin iterar por la hoja** Todo se hace con arrays → cero acceso lento a celdas.

- ✓ **Ordena usando QuickSort** Mucho más rápido que el motor de ordenación de Excel.
- ✓ **No usa fórmulas** Los números aleatorios son valores reales.
- ✓ **No usa Select, Activate, Copy, Paste** Riesgo cero de errores.
- ✓ **Código compacto y profesional** Este es el tipo de código usado en automatización de alto rendimiento.

Tarea 2 — Ordenar la columna A de la hoja "Fallos 3 sesiones" en orden descendente.

Objetivo: Las palabras arriba; los números y las celdas vacías abajo. Los cinco módulos aplican exactamente los mismos criterios de ordenación.

Tarea 3 — Eliminar todas las filas después de la última palabra.

Los cinco módulos:

- Encuentran la última celda que contiene texto no numérico.
- Eliminan todas las filas por debajo de ella.
- **Tarea 4 — Generar números aleatorios en la columna B de la hoja "Fallos 3 sesiones".**
- Generar números aleatorios usando RAND() (ALEATORIO() en celda de Excel en español).
- Rellenar desde B3 hasta la última fila válida. *(La última fila válida es la última fila que contiene datos en la columna A.)*

Tarea 5 — Eliminar las fórmulas RAND() y conservar sus valores.

Tarea 6 — Ordenar por la columna B para aleatorizar el orden.

- Ordenar A3:B... usando los valores aleatorios de la columna B.

2. Diferencias reales entre los cinco métodos

Método principiante (Sub Macro2)

- Uso intensivo de .Select, .Activate, .Selection.
- Usa el portapapeles para copiar/pegar.
- Más lento, frágil, propenso a errores.
- Difícil de mantener.

Método casi profesional (Sub Fallos_3_Sesiones)

- Usa objetos Worksheet.
- Reduce muchas llamadas a .Select.
- Copia valores usando PasteSpecial.
- Mucho más legible y estable.

Método profesional (Sub Fallos_3_Sesiones_Optimizada)

- No usa .Select ni .Activate.
- Copia valores directamente con .Value = .Value.
- Usa .Resize para evitar cálculos manuales.
- No usa el portapapeles.
- Más rápido, limpio y seguro.

- Código profesional y mantenible.

Método más profesional y más compacto (Sub Fallos_3_Sesiones_Pro)

- Elimina todo lo que no aporta valor: variables redundantes, rangos intermedios, concatenaciones innecesarias.

Método más profesional y ultra compacto (Sub Fallos_3_Sesiones_Ultra)

- ✓ **Procesa todo en memoria** → velocidad extrema.
- ✓ **Filtra palabras sin iterar por la hoja** → todo en arrays.
- ✓ **Ordena con QuickSort** → mucho más rápido.
- ✓ **No usa fórmulas** → valores reales.
- ✓ **No usa Select, Activate, Copy, Paste** → cero errores.
- ✓ **Código ultra compacto y profesional** → automatización de alto rendimiento.

Para hacerlo completamente didáctico, he añadido un comentario (') en cada línea explicando exactamente qué hace esa línea de código.

Empecemos:

Copia, pega o escribe el siguiente código VBA en un módulo de programación de Excel.

Capítulo 0 – La Macro grabada: El punto de partida y Sus Limitaciones.

Objetivo del capítulo

Antes de aprender a programar macros de forma profesional, es importante entender **qué hace realmente el grabador de macros de Excel,** qué problemas genera y por qué **no es suficiente** para crear soluciones fiables.

Este capítulo muestra una macro grabada tal cual, sin modificar, y analiza sus limitaciones. Es el punto de partida perfecto para justificar el resto del libro.

0.1. ¿Qué es el grabador de macros?

El grabador de macros de Excel es una herramienta que **traduce en código cada clic que hace el usuario**:

1. Si seleccionas una celda → genera .Select
2. Si copias → genera Selection.Copy
3. Si pegas → genera ActiveSheet.Paste
4. Si ordenas → genera rangos fijos
5. Si borras filas → genera números fijos

El grabador **no piensa, no calcula, no interpreta, no generaliza.** Solo imita.

Por eso es útil para aprender, pero **inviable para trabajar.**

0.2. Ejemplo de macro grabada

A continuación, se muestra una macro grabada automáticamente por Excel, respetando el objetivo expuesto en "Nota previa a los ejercicios". No se ha modificado. Es exactamente lo que Excel genera cuando el usuario realiza una serie de acciones manuales.

```
Sub MacroGrabada()
        Sheets("Ejercicios").Select
    Range("AD3:AD20").Select
    Selection.Copy
    Sheets("Fallos 3 sesiones").Select
    Range("A3").Select
    ActiveSheet.Paste
    Application.CutCopyMode = False
    ActiveWorkbook.Worksheets("Fallos 3
sesiones").Sort.SortFields.Clear
    ActiveWorkbook.Worksheets("Fallos 3
sesiones").Sort.SortFields.Add2 Key:= _
        Range("A3:A20"), SortOn:=xlSortOnValues,
Order:=xlDescending, DataOption:=xlSortNormal
    With ActiveWorkbook.Worksheets("Fallos 3
sesiones").Sort
        .SetRange Range("A3:A20")
        .Header = xlNo
        .MatchCase = False
        .Orientation = xlTopToBottom
        .SortMethod = xlPinYin
        .Apply
    End With
    Rows("13:17").Select
    Selection.Delete Shift:=xlUp '
    Range("B3").Select
    ActiveCell.FormulaR1C1 = "=RAND()"
    Range("B3").Select
    Selection.Copy
    Range("B3:B12").Select
    ActiveSheet.Paste
```

```
        Range("B3:B12").Select
        Application.CutCopyMode = False
        Selection.Copy
        Selection.PasteSpecial Paste:=xlPasteValues
        Application.CutCopyMode = False
        Range("A3:B12").Select
        ActiveWorkbook.Worksheets("Fallos 3
sesiones").Sort.SortFields.Clear
        ActiveWorkbook.Worksheets("Fallos 3
sesiones").Sort.SortFields.Add2 Key:= _
            Range("B3:B12"), SortOn:=xlSortOnValues,
Order:=xlAscending, DataOption:=xlSortNormal
        With ActiveWorkbook.Worksheets("Fallos 3
sesiones").Sort
            .SetRange Range("A3:B12")
            .Header = xlGuess
            .MatchCase = False
            .Orientation = xlTopToBottom
            .SortMethod = xlPinYin
            .Apply
        End With
        Range("A2").Select
    End Sub
```

0.3. Análisis de los problemas de la macro grabada

Esta macro es perfecta para mostrar **todos los defectos típicos** del grabador.

1. Dependencia de .Select y Selection

El grabador imita clics:

1. Si la hoja no está activa → falla
2. Si el usuario está en otra celda → falla
3. Si la selección cambia → falla
4. El código depende del estado de la interfaz, no de la lógica.

2. Rangos fijos

Ejemplo:

Range("AD3:AD20")

Range("A3:A20")

Range("B3:B12")

Range("13:17")

Si mañana hay más datos:

- no se copian
- no se ordenan
- no se borran
- la macro queda obsoleta

El grabador no calcula rangos dinámicos.

3. Uso del portapapeles
El grabador siempre hace:

- Selection.Copy
- ActiveSheet.Paste

Esto es:

- lento
- frágil
- dependiente del estado del sistema
- innecesario en programación real

4. Ordenación rígida

El grabador no detecta:

- la última fila
- la última columna
- el rango real de datos

Solo ordena lo que el usuario seleccionó.

5. Eliminación de filas peligrosas

Ejemplo:

Rows("13:17").Delete

Esto puede:

- borrar datos válidos
- dejar datos sin borrar
- romper la hoja si el rango cambia

6. Código repetitivo y redundante

El grabador no optimiza nada:

- repite selects
- repite copias
- repite pegados
- repite rangos

0.4. Conclusión: ¿por qué este código es inviable en producción?

Una macro grabada:

depende de la selección

depende de la hoja activa

depende del portapapeles

depende de rangos fijos

no calcula nada

no se adapta a cambios

obliga al usuario a editar código

es frágil y propensa a errores

no es reutilizable

no es mantenible

no es profesional

Por eso, aunque el grabador es útil para **ver cómo Excel traduce acciones en código**, no sirve para crear soluciones reales.

0.5. Transición al Capítulo 2

A partir del capítulo 2 aprenderemos a transformar esta macro grabada en una macro **profesional**, paso a paso:

sin .Select

sin Selection

sin portapapeles

con rangos dinámicos

con lógica

con seguridad

con velocidad

con claridad

Este es el camino que convierte una macro grabada en una herramienta fiable.

Capítulo 1 Introducción al mundo VBA

1.1 Qué es VBA y por qué sigue siendo esencial

VBA (Visual Basic for Applications) es el lenguaje de programación integrado en Excel que permite automatizar tareas, crear funciones personalizadas y construir soluciones que van mucho más allá de lo que ofrecen las herramientas estándar de la hoja de cálculo. Aunque Excel ha evolucionado con nuevas tecnologías como Power Query, Office Scripts o Python, VBA sigue siendo esencial por una razón muy simple: está completamente integrado en el flujo de trabajo diario de millones de usuarios.

Su fuerza reside en tres pilares:

- **Accesibilidad:** cualquier usuario puede empezar a usarlo sin conocimientos previos de programación.
- **Potencia:** permite controlar casi cualquier elemento de Excel, desde celdas hasta gráficos, formularios o eventos.
- **Flexibilidad:** se adapta a procesos simples y a sistemas complejos con la misma naturalidad.

VBA no es solo un lenguaje; es una herramienta que convierte Excel en una plataforma de desarrollo. Por eso sigue siendo imprescindible en entornos profesionales donde la automatización y la eficiencia son clave.

1.2 Cómo funciona el entorno de macros en Excel

El entorno de macros de Excel está formado por dos componentes principales:

1. La grabadora de macros

Es la puerta de entrada para los principiantes. Registra las acciones que realizas en la hoja y las convierte en código VBA. Aunque genera código poco eficiente, es útil para aprender la estructura básica de una macro y entender cómo Excel traduce las acciones en instrucciones.

2. El Editor de VBA (VBE)

Es el entorno donde realmente se programa. Desde aquí puedes:

escribir código manualmente,

modificar macros grabadas,

crear módulos y funciones,

depurar errores,

ejecutar procedimientos,

y organizar tus proyectos.

El entorno funciona como un pequeño IDE dentro de Excel, con ventanas para explorar objetos, ver variables, ejecutar código paso a paso y analizar el comportamiento de tus macros.

En conjunto, la grabadora y el editor forman un ecosistema que permite pasar de acciones manuales a soluciones automatizadas y profesionales.

1.3 La diferencia entre grabar y programar

Grabar una macro y programar una macro son dos actividades completamente distintas, aunque ambas usen VBA.

Grabar es reproducir.

La grabadora captura exactamente lo que haces: clics, selecciones, movimientos, cambios de celda. El código resultante suele ser:

- largo,
- repetitivo,
- dependiente de la selección,
- difícil de mantener,
- y poco eficiente.

Programar es diseñar.

Cuando escribes código manualmente:

- eliminas pasos innecesarios,
- trabajas directamente con objetos,
- controlas el flujo lógico,
- optimizas el rendimiento,
- y creas soluciones limpias y profesionales.

La grabadora es útil para aprender, pero programar es lo que permite construir macros robustas, rápidas y reutilizables. En este libro verás esa evolución paso a paso.

1.4 Primeros pasos: el Editor de VBA

El Editor de VBA (VBE) es el lugar donde ocurre la verdadera programación. Para abrirlo:

Alt + F11

Una vez dentro, encontrarás varias ventanas clave:

1. Explorador de proyectos

Muestra todos los libros abiertos y sus módulos. Aquí organizas tu código en:

- módulos estándar,
- módulos de clase,
- formularios,
- y objetos de Excel.

2. Ventana de código

Es donde escribes y editas tus macros. Cada módulo contiene procedimientos Sub y funciones Function.

3. Ventana de propiedades

Permite modificar atributos de formularios y controles.

4. Ventana de inmediato

Una herramienta esencial para probar código rápidamente, evaluar expresiones y depurar.

5. Herramientas de depuración

Permiten ejecutar el código paso a paso, establecer puntos de interrupción y analizar variables en tiempo real.

Dominar el Editor de VBA es el primer paso para pasar de la grabadora a la programación real. Una vez entiendes cómo funciona, el código deja de ser un misterio y se convierte en una herramienta poderosa.

Ya conoces qué es VBA, cómo funciona el entorno de macros y cuáles son las diferencias entre grabar y programar. Este primer contacto es esencial: a partir de aquí empezamos a transformar acciones grabadas en código que puedas entender, modificar y mejorar. En el siguiente capítulo verás tu primera macro grabada y comenzarás a analizarla como un programador.

Capítulo 2 — El Método Principiante

2.1 La macro grabada: cómo nace el código

La grabadora de macros es la puerta de entrada al mundo VBA. Su función es sencilla: registrar cada acción que realizas en Excel y convertirla en instrucciones de código. Cuando seleccionas una celda, aplicas un filtro o copias un rango, la grabadora traduce esos pasos en líneas de VBA que reproducen exactamente lo que hiciste.

Este enfoque es útil para entender cómo Excel interpreta tus acciones, pero también revela una característica importante: la grabadora no piensa, solo copia. No distingue entre lo esencial y lo irrelevante; simplemente registra todo. Por eso las macros grabadas suelen incluir pasos innecesarios, dependencias de selección y movimientos que no aportan nada al resultado final.

Aun así, la grabadora es valiosa. Es el primer contacto con el código y permite ver cómo se estructura una macro, cómo se llaman los objetos y cómo se ejecutan las instrucciones. Es el punto de partida para aprender a programar de verdad.

2.2 Análisis de errores comunes

Las macros grabadas funcionan, pero arrastran una serie de errores típicos que limitan su utilidad y dificultan su mantenimiento. Entre los más frecuentes encontramos:

- Uso excesivo de Select y Activate La grabadora depende de la selección porque imita tus clics. Esto genera código frágil, lento y propenso a fallos si la hoja no está en el estado esperado.

- Rangos dependientes de la posición del cursor Instrucciones como Selection.Copy o ActiveCell.Offset dependen de dónde esté el cursor en el momento de ejecutar la macro, lo que puede provocar resultados impredecibles.

- Pasos redundantes. La grabadora registra movimientos que no afectan al resultado: seleccionar una celda, volver atrás, abrir un menú, cerrar otro… todo eso se convierte en líneas de código inútiles.

- Código largo y poco legible Una macro grabada puede ocupar muchas líneas para realizar una tarea sencilla, lo que dificulta su comprensión y posterior mejora.

- Dependencia del entorno. Si la hoja cambia de nombre, si el rango se desplaza o si el usuario está en otra pestaña, la macro puede fallar.

Identificar estos errores es el primer paso para transformar una macro grabada en una solución profesional.

2.3 Limitaciones del enfoque básico

El enfoque de grabar macros tiene límites claros. Funciona para tareas simples y repetitivas, pero se queda corto cuando necesitas:

- trabajar con grandes volúmenes de datos
- automatizar procesos complejos
- garantizar que el código funcione siempre
- evitar errores por cambios en la hoja
- mejorar el rendimiento
- crear soluciones reutilizables y mantenibles.

La grabadora no entiende lógica, no optimiza, no estructura y no anticipa problemas. Solo reproduce.

Por eso, aunque es un buen punto de partida, no es suficiente para construir macros profesionales. El siguiente paso es aprender a escribir código manualmente, eliminar dependencias de selección, trabajar con objetos de Excel y diseñar procedimientos claros y eficientes.

Este capítulo marca el inicio de esa evolución: de la grabación automática al pensamiento lógico.

2.4 Ejemplo completo y explicación línea por línea

```
Sub Macro2()    ' Inicio de la macro
      ' Método VBA principiante
      Sheets("Ejercicios").Select
' Selecciona la hoja "Ejercicios"
      PrimeraFila = "AD3"
' Define la primera celda del rango a copiar
      ultimaFila = Cells(Rows.Count,
"AD").End(xlUp).Row  ' Busca la última fila con
datos en columna AD
      Rango = PrimeraFila & ":" & "AD" & ultimaFila
' Construye el rango AD3:AD(última fila)
      Range(Rango).Select  ' Selecciona el rango a
copiar
      Selection.Copy  ' Copia el rango seleccionado
      Range("A2").Select  ' Selecciona la celda A2
(aunque luego no se usa)
      Sheets("Fallos 3 sesiones").Select  ' Cambia
a la hoja destino
      Range("A3").Select  ' Selecciona la celda
donde se pegarán los valores
      Selection.PasteSpecial Paste:=xlPasteValues
' Pega solo valores
      Application.CutCopyMode = False  ' Limpia el
portapapeles
      Range("A3").Select  ' Selecciona A3

      PrimeraFila = "A3"  ' Primera fila para
ordenar
      ultimaFila = Cells(Rows.Count,
"A").End(xlUp).Row  ' Última fila con datos en
columna A
      Rango = PrimeraFila & ":" & "A" & ultimaFila
' Construye el rango A3:A(última fila)
      Range(Rango).Select  ' Selecciona el rango a
ordenar
```

```
        ActiveWorkbook.Worksheets("Fallos 3
sesiones").Sort.SortFields.Clear  ' Limpia
criterios de ordenación
        ActiveWorkbook.Worksheets("Fallos 3
sesiones").Sort.SortFields.Add2 Key:= _
            Range(Rango), SortOn:=xlSortOnValues,
Order:=xlDescending  ' Ordena de mayor a menor

        With ActiveWorkbook.Worksheets("Fallos 3
sesiones").Sort  ' Configura la ordenación
            .SetRange Range(Rango)  ' Define el rango
a ordenar
            .Header = xlGuess  ' Excel decide si hay
encabezado
            .MatchCase = False  ' Ignora
mayúsculas/minúsculas
            .Orientation = xlTopToBottom  ' Ordena
verticalmente
            .SortMethod = xlPinYin  ' Método de
ordenación PinYin
' ¿Por qué PinYin? Microsoft lo incluyó hace años
' para garantizar que Excel pudiera ordenar
' correctamente nombres chinos, y lo dejó como
' opción estándar en el objeto.
            .Apply  ' Ejecuta la ordenación
        End With

' Eliminar las filas que haya después de la última
palabra en la columna A:
        Dim ws As Worksheet
' Declara objeto hoja
        Dim ultimaPalabra As Long
' Guarda la última fila con palabra
        Dim i As Long
' Contador

        Set ws = ActiveWorkbook.Worksheets("Fallos 3
sesiones")  ' Asigna la hoja
        ultimaFila = ws.Cells(ws.Rows.Count,
"A").End(xlUp).Row  ' Última fila con datos
```

```
        ultimaPalabra = 0
' Inicializa

        For i = 1 To ultimaFila
' Recorre todas las filas con datos
            If Trim(ws.Cells(i, "A").Value) <> ""
Then  ' Si la celda no está vacía
                If Not IsNumeric(ws.Cells(i,
"A").Value) Then  ' Si NO es número
                    ultimaPalabra = i
' Guarda la fila
                End If
            End If
        Next i
' Mientras haya datos vuelve a For i

        If ultimaPalabra > 0 Then
   ' Si encontró palabra
            ws.Rows(ultimaPalabra + 1 & ":" &
ultimaFila).Delete  ' Elimina filas posteriores
        End If

        PrimeraFila = "A3"
   ' Primera fila del rango A:B
        ultimaFila = Cells(Rows.Count,
"A").End(xlUp).Row  ' Última fila con datos
        Rango = PrimeraFila & ":" & "B" & ultimaFila
' Construye rango A3:B(última fila)
        RangoAOrdenar = "B3:" & "B" & ultimaFila
' Rango de aleatorios

        Range("B3").Select ' Selecciona B3
        ActiveCell.FormulaR1C1 = "=RAND()"
   ' Inserta fórmula RAND()
        Selection.Copy  ' Copia la fórmula
        Range(RangoAOrdenar).Select  ' Selecciona
todo el rango B3:B...
        ActiveSheet.Paste  ' Pega la fórmula en todas
las celdas
        Application.CutCopyMode = False
```

```
' Limpia portapapeles

      Range("A3").Select   ' Selecciona A3
      PrimeraFila = "A3"   ' Define rango A3:B...
      Rango = PrimeraFila & ":" & "B" & ultimaFila

      Range(Rango).Select   ' Selecciona A3:B...
      ActiveWorkbook.Worksheets("Fallos 3
sesiones").Sort.SortFields.Clear ' Limpia criterios
      ActiveWorkbook.Worksheets("Fallos 3
sesiones").Sort.SortFields.Add2 Key:= _
          Range(RangoAOrdenar),
SortOn:=xlSortOnValues, Order:=xlAscending
   ' Ordena por aleatorios

      With ActiveWorkbook.Worksheets("Fallos 3
sesiones").Sort   ' Configura ordenación
          .SetRange Range(Rango)
   ' Rango completo A:B
          .Header = xlGuess
   ' Excel decide encabezado
          .MatchCase = False' Ignora mayúsculas
          .Orientation = xlTopToBottom
   ' Orden vertical
          .SortMethod = xlPinYin   ' Método PinYin
          .Apply   ' Ejecuta ordenación
      End With

      Range("A3").Select   ' Selecciona A3
   End Sub   ' Fin de la macro
```

Nota para el lector

La macro que acabas de ver es una macro grabada **parcialmente corregida**, suficiente para entender cómo nace el código y cuáles son sus limitaciones. Para que no te lleves a engaño, te propongo un ejercicio **importante:**

Graba tú mismo la macro desde cero, sin corregir absolutamente nada. Sigue el orden propuesto, ver "Nota previa a los ejercicios". Después compara tu código grabado con el que acabamos de analizar.

Verás que:

- tu macro grabada contiene más pasos innecesarios,
- usa más Select y Activate,
- depende del cursor,
- y es menos clara y menos eficiente.

Esa comparación es el verdadero punto de partida. Aquí ya hemos avanzado un poco, pero todavía queda mucho por descubrir. A partir de este momento empezamos el camino que te llevará desde la macro grabada hasta un código realmente profesional.

Nota importante antes de grabar tu macro

Antes de grabar tu propia macro, asegúrate de preparar la hoja **"Fallos 3 sesiones"**. En la celda **B3** escribe: =ALEATORIO().

Después copia esa fórmula hacia abajo tantas filas como creas que tendrán datos en la columna A. Esto es necesario para que tu macro grabada genere el mismo comportamiento que la del ejemplo y puedas comparar ambos códigos correctamente.

Capítulo 3 — El Método Casi Profesional

3.1 Limpieza del código: eliminar Select y Activate

El primer paso para transformar una macro grabada en una macro casi profesional es eliminar las instrucciones Select y Activate. Estas líneas aparecen porque la grabadora imita tus clics y movimientos, pero no son necesarias para que el código funcione. De hecho, son una de las principales causas de lentitud, errores y comportamientos impredecibles.

Cuando eliminas Select y Activate, el código deja de depender de la celda activa y empieza a trabajar directamente con los objetos. Esto hace que la macro sea más robusta, más rápida y más fácil de mantener. Además, reduce el riesgo de fallos cuando el usuario ejecuta la macro desde otra hoja o con otra celda seleccionada.

La limpieza del código no es solo estética: es un cambio de mentalidad. Dejas de pensar en "lo que hago con el ratón" y empiezas a pensar en "lo que hace el código".

3.2 Uso correcto de rangos y objetos

Una macro profesional no trabaja con selecciones, sino con objetos. En VBA, todo está organizado en una jerarquía clara:

aplicación → libro → hoja → rango.

Cuando entiendes esta estructura, puedes acceder a cualquier parte de Excel sin depender del cursor.

El uso correcto de rangos implica:

- referenciar directamente el rango que necesitas,
- evitar instrucciones ambiguas como Selection,
- trabajar con objetos explícitos como Worksheet, Range o ListObject,
- y escribir código que funciona siempre, independientemente del estado de la hoja.

Por ejemplo, en lugar de:

```
Range("A1").Select
Selection.Copy
```

Usa:

```
Range("A1").Copy
```

O mejor aún:

```
ws.Range("A1").Value =
ws.Range("B1").Value
```

Este enfoque elimina pasos innecesarios, mejora la claridad y te permite construir macros que no dependen del usuario, sino de la lógica del programa.

3.3 Introducción a la eficiencia

La eficiencia no consiste en escribir menos líneas, sino en escribir líneas que hagan más. En este nivel, empiezas a optimizar el código eliminando redundancias, evitando operaciones costosas y utilizando métodos que aprovechan mejor el motor interno de Excel.

Las primeras mejoras de eficiencia incluyen:

- evitar el portapapeles cuando no es necesario,
- trabajar con rangos completos en lugar de celdas individuales,
- reducir el número de accesos a la hoja,
- y minimizar las operaciones que dependen de la interfaz.

Una macro eficiente no solo es más rápida: también es más estable y más profesional. Este capítulo marca el inicio de esa transición hacia un código que no solo funciona, sino que funciona bien.

3.4 Comentarios didácticos y estructura clara

Un código casi profesional debe ser comprensible incluso para alguien que no lo ha escrito. Por eso, la estructura y los comentarios son fundamentales. No se trata de llenar el código de explicaciones, sino de añadir notas breves que aclaren la intención de cada bloque.

Los comentarios didácticos ayudan a:

- entender la lógica del procedimiento,
- identificar las partes clave del algoritmo,
- facilitar el mantenimiento,
- y enseñar a otros cómo está construido el código.

La estructura clara implica:

- dividir el código en bloques lógicos,
- usar sangrías correctas,
- nombrar bien las variables,
- y evitar líneas demasiado largas o complejas.

En este nivel, el código empieza a parecer un documento técnico, no una grabación automática. Es el punto donde el lector deja de ver "una macro" y empieza a ver "una solución".

3.5 Ejemplo completo y explicación línea por línea

```
Sub Fallos_3_Sesiones()  ' Inicio de la macro
    ' Método VBA casi profesional

    Dim wsE As Worksheet  ' Hoja origen:
Ejercicios
    Dim wsF3 As Worksheet  ' Hoja destino: Fallos
3 sesiones
    Dim PrimeraFila As String  ' Guarda la celda
inicial del rango
    Dim ultimaFila As Long  ' Guarda la última
fila con datos
    Dim Rango As String  ' Rango a copiar u
ordenar
    Dim RangoAOrdenar As String  ' Rango para
ordenar por aleatorios
    Dim ws As Worksheet  ' Hoja auxiliar para
eliminar filas
    Dim ultimaPalabra As Long  ' Última fila con
palabra
    Dim i As Long  ' Contador para bucles

    Set wsE = Sheets("Ejercicios")  ' Asigna la
hoja Ejercicios al objeto wsE
    Set wsF3 = Sheets("Fallos 3 sesiones")
' Asigna la hoja Fallos 3 sesiones al objeto wsF3

    '------------------------------------------
    ' COPIAR DATOS DE EJERCICIOS A FALLOS
    '------------------------------------------
    wsE.Select  ' Selecciona la hoja Ejercicios
    PrimeraFila = "AD3"  ' Primera celda del
rango a copiar
    ultimaFila = wsE.Cells(wsE.Rows.Count,
"AD").End(xlUp).Row  ' Última fila con datos en AD
    Rango = PrimeraFila & ":" & "AD" & ultimaFila
' Construye el rango AD3:AD(última fila)
```

```
        wsE.Range(Rango).Copy' Copia el rango
AD3:AD...

        wsF3.Select  ' Cambia a la hoja Fallos 3
sesiones
        wsF3.Range("A3").PasteSpecial
Paste:=xlPasteValues   ' Pega solo valores en A3
        Application.CutCopyMode = False  ' Limpia el
portapapeles

        '-----------------------------------------
        ' ORDENAR COLUMNA A (PALABRAS ARRIBA)
        '-----------------------------------------
        PrimeraFila = "A3"  ' Primera fila del rango
a ordenar
        ultimaFila = wsF3.Cells(wsF3.Rows.Count,
"A").End(xlUp).Row  ' Última fila con datos en A
        Rango = PrimeraFila & ":" & "A" & ultimaFila
' Construye rango A3:A(última fila)

        wsF3.Sort.SortFields.Clear
' Limpia criterios anteriores
        wsF3.Sort.SortFields.Add2
Key:=wsF3.Range(Rango), _
            SortOn:=xlSortOnValues,
Order:=xlDescending, DataOption:=xlSortNormal

        With wsF3.Sort
' Configura la ordenación
            .SetRange wsF3.Range(Rango)
' Rango a ordenar
            .Header = xlGuess
' Excel decide si hay encabezado
            .MatchCase = False
' Ignora mayúsculas/minúsculas
            .Orientation = xlTopToBottom
' Orden vertical
            .SortMethod = xlPinYin
' Método de ordenación
```

```
            .Apply
' Ejecuta la ordenación
        End With

        '-----------------------------------------
        ' ELIMINAR FILAS DESPUÉS DE LA ÚLTIMA PALABRA
        '-----------------------------------------
        Set ws = wsF3  ' Asigna la hoja Fallos 3
sesiones
        ultimaFila = ws.Cells(ws.Rows.Count,
"A").End(xlUp).Row  ' Última fila con datos en A
        ultimaPalabra = 0  ' Inicializa

        For i = 3 To ultimaFila  ' Recorre desde la
fila 3 hasta la última
            If Trim(ws.Cells(i, "A").Value) <> ""
Then  ' Si la celda no está vacía
                If Not IsNumeric(ws.Cells(i,
"A").Value) Then  ' Si no es número
                    ultimaPalabra = i ' Guarda la
fila de la última palabra
                End If
            End If
        Next i

        If ultimaPalabra > 0 Then
' Si encontró alguna palabra
            ws.Rows(ultimaPalabra + 1 & ":" &
ultimaFila).Delete  ' Elimina filas posteriores
        End If

        '-----------------------------------------
        ' GENERAR ALEATORIOS EN COLUMNA B
        '-----------------------------------------
        ultimaFila = wsF3.Cells(wsF3.Rows.Count,
"A").End(xlUp).Row  ' Última fila tras eliminar
filas
        RangoAOrdenar = "B3:B" & ultimaFila  ' Rango
donde irán los aleatorios
```

```
        wsF3.Range("B3").Formula = "=RAND()"    '
Inserta fórmula RAND() en B3
        wsF3.Range("B3").Copy   ' Copia la fórmula
        wsF3.Range(RangoAOrdenar).PasteSpecial
Paste:=xlPasteFormulas   ' Pega la fórmula en todo
el rango
        Application.CutCopyMode = False   ' Limpia
portapapeles

        Selection.Copy   ' Copia el rango seleccionado
        Selection.PasteSpecial Paste:=xlPasteValues
' Convierte las fórmulas en valores
        Application.CutCopyMode = False   ' Limpia
portapapeles

        '------------------------------------------
        ' ORDENAR POR COLUMNA B (ALEATORIOS)
        '------------------------------------------
        Rango = "A3:B" & ultimaFila   ' Rango completo
A3:B(última fila)

        wsF3.Sort.SortFields.Clear   ' Limpia
criterios anteriores
        wsF3.Sort.SortFields.Add2
Key:=wsF3.Range(RangoAOrdenar), _
            SortOn:=xlSortOnValues,
Order:=xlAscending, DataOption:=xlSortNormal

        With wsF3.Sort   ' Configura la ordenación
            .SetRange wsF3.Range(Rango)   ' Rango
completo A:B
            .Header = xlGuess   ' Excel decide
encabezado
            .MatchCase = False   ' Ignora mayúsculas
            .Orientation = xlTopToBottom   ' Orden
vertical
            .SortMethod = xlPinYin   ' Método de
ordenación
            .Apply   ' Ejecuta la ordenación
        End With
```

```
    wsF3.Range("A3").Select  ' Selecciona A3
End Sub  ' Fin de la macro
```

En este capítulo has visto cómo eliminar pasos innecesarios, cómo trabajar sin Select ni Activate y cómo empezar a pensar en términos de objetos y rangos. Este es el primer salto real hacia un código más limpio y eficiente. En el siguiente capítulo daremos un paso más y entraremos en el método profesional, donde la estructura y la claridad del código se convierten en pilares fundamentales.

Capítulo 4 — El Método Profesional

4.1 Introducción al método profesional

En este capítulo damos un salto importante en la evolución del código VBA. Hasta ahora hemos limpiado la macro grabada, eliminado dependencias de selección y empezado a trabajar con objetos de forma más clara. Pero el verdadero código profesional exige algo más: precisión, eficiencia, control y capacidad de mantenimiento.

Aquí aprenderás a sustituir técnicas básicas por métodos sólidos y fiables. Verás cómo copiar valores sin recurrir al portapapeles, cómo ordenar datos con exactitud y cómo aplicar buenas prácticas que hacen que una macro funcione siempre, independientemente del entorno o del usuario. Además, introduciremos el control de errores como una herramienta esencial para evitar fallos silenciosos y para guiar al usuario cuando algo no sale como se esperaba.

Este capítulo marca el punto en el que el código deja de ser una automatización y se convierte en una solución. Aprenderás a escribir procedimientos claros, estables y pensados para durar. El objetivo no es solo que la macro funcione hoy, sino que siga funcionando dentro de meses, cuando la hoja cambie, los datos crezcan o alguien más necesite modificarla.

Aquí empieza el verdadero enfoque profesional: código que no solo ejecuta tareas, sino que refleja una forma de pensar ordenada, precisa y mantenible.

4.2 Copiar valores sin portapapeles

Uno de los cambios más importantes al pasar del código básico al código profesional es dejar de depender del portapapeles. Las macros grabadas utilizan Copy y Paste, lo que implica seleccionar rangos, activar hojas y realizar operaciones innecesarias que ralentizan la ejecución y generan errores si el usuario interactúa con Excel durante el proceso.

El enfoque profesional consiste en copiar valores directamente entre rangos sin usar el portapapeles. Esto se logra asignando valores de un rango a otro mediante la propiedad .Value. El resultado es un código más rápido, más limpio y completamente independiente de la interfaz de Excel.

Este método no solo mejora el rendimiento: también aporta estabilidad. El código deja de depender del estado visual de la hoja y se convierte en una operación lógica, precisa y controlada.

4.3 Ordenar datos con precisión

Ordenar datos es una tarea habitual en Excel, pero hacerlo de forma profesional requiere más que grabar una macro. El método grabado suele incluir selecciones innecesarias y parámetros ambiguos que dependen del contexto. En cambio, el enfoque profesional define explícitamente:

- el rango a ordenar,
- la columna clave,
- el tipo de ordenación,
- y el comportamiento ante encabezado.

Al trabajar directamente con el objeto Range.Sort, el código se vuelve claro, reproducible y exacto. No importa dónde esté el cursor ni qué hoja esté activa: la ordenación se ejecuta siempre sobre el rango definido.

Este nivel de precisión es fundamental para construir macros fiables que funcionen en cualquier entorno y con cualquier conjunto de datos.

4.4 Control de errores y buenas prácticas

El control de errores es una característica esencial del código profesional. No se trata solo de evitar que la macro se detenga, sino de gestionar los errores de forma inteligente. Un buen control de errores permite:

- detectar situaciones inesperadas,
- informar al usuario de forma clara,
- evitar resultados incorrectos,
- y garantizar que la macro finalice de manera segura.

Además del control de errores, las buenas prácticas incluyen:

- declarar todas las variables,
- usar nombres descriptivos,
- evitar dependencias del entorno,
- y estructurar el código en bloques lógicos.

Estas prácticas convierten una macro funcional en una macro confiable. El objetivo es que el código sea tan sólido como cualquier herramienta profesional.

4.5 Cómo escribir código mantenible

El código mantenible es aquel que puede entenderse, modificarse y ampliarse sin esfuerzo. No se trata solo de que funcione hoy, sino de que siga funcionando dentro de meses, cuando los datos cambien, la hoja evolucione u otro usuario necesite adaptarlo.

Para lograrlo, es fundamental:

- dividir el código en procedimientos pequeños y especializados,
- evitar duplicar lógica,
- documentar las partes clave,
- y mantener una estructura clara y coherente.

Un código mantenible es un código que no depende de su autor. Cualquier persona con conocimientos básicos de VBA debería poder leerlo y comprender su propósito. Esa es la verdadera diferencia entre una macro avanzada y una solución profesional.

4.6 Ejemplo completo y explicación línea por línea

```
Sub Fallos_3_Sesiones_Optimizada()
' (Sin Select) Inicio de la macro
' Método VBA profesional

      Dim wsE As Worksheet' Hoja origen: Ejercicios
      Dim wsF3 As Worksheet ' Hoja destino: Fallos
3 sesiones
      Dim PrimeraFila As String  ' Celda inicial
del rango a copiar
      Dim ultimaFila As Long  ' Última fila con
datos
      Dim Rango As String  ' Rango a copiar u
ordenar
      Dim RangoAOrdenar As String  ' Rango para
ordenar por aleatorios
      Dim ultimaPalabra As Long  ' Última fila con
palabra
      Dim i As Long  ' Contador para bucles

      Set wsE = Sheets("Ejercicios")  ' Asigna la
hoja Ejercicios
      Set wsF3 = Sheets("Fallos 3 sesiones")
' Asigna la hoja Fallos 3 sesiones

      '-----------------------------------------
      ' COPIAR DATOS DE EJERCICIOS A FALLOS
      '-----------------------------------------
      PrimeraFila = "AD3"  ' Primera celda del
rango a copiar
      ultimaFila = wsE.Cells(wsE.Rows.Count,
"AD").End(xlUp).Row  ' Última fila con datos en AD
      Rango = PrimeraFila & ":" & "AD" & ultimaFila
' Construye el rango AD3:AD(última fila)

      wsF3.Range("A3").Resize(ultimaFila - 2,
1).Value = _
```

```
        wsE.Range(Rango).Value   ' Copia valores
sin portapapeles

      '------------------------------------------
      ' ORDENAR COLUMNA A (PALABRAS ARRIBA)
      '------------------------------------------
      PrimeraFila = "A3"   ' Primera fila del rango
a ordenar
      ultimaFila = wsF3.Cells(wsF3.Rows.Count,
"A").End(xlUp).Row   ' Última fila con datos en A
      Rango = PrimeraFila & ":" & "A" & ultimaFila
' Construye rango A3:A(última fila)

      wsF3.Sort.SortFields.Clear   ' Limpia
criterios anteriores
      wsF3.Sort.SortFields.Add2
Key:=wsF3.Range(Rango), _
        SortOn:=xlSortOnValues,
Order:=xlDescending, DataOption:=xlSortNormal

      With wsF3.Sort   ' Configura la ordenación
        .SetRange wsF3.Range(Rango)   ' Rango a
ordenar
        .Header = xlGuess   ' Excel decide
encabezado
        .MatchCase = False   ' Ignora
mayúsculas/minúsculas
        .Orientation = xlTopToBottom   ' Orden
vertical
        .SortMethod = xlPinYin   ' Método de
ordenación
        .Apply   ' Ejecuta la ordenación
      End With

      '------------------------------------------
      ' ELIMINAR FILAS DESPUÉS DE LA ÚLTIMA PALABRA
      '------------------------------------------
      ultimaFila = wsF3.Cells(wsF3.Rows.Count,
"A").End(xlUp).Row   ' Última fila con datos
      ultimaPalabra = 0   ' Inicializa
```

```
    For i = 3 To ultimaFila  ' Recorre filas
        If Trim(wsF3.Cells(i, "A").Value) <> ""
Then  ' Si no está vacía
            If Not IsNumeric(wsF3.Cells(i,
"A").Value) Then  ' Si no es número
                ultimaPalabra = i ' Guarda la
fila
            End If
        End If
    Next i

    If ultimaPalabra > 0 Then ' Si encontró
palabra
        wsF3.Rows(ultimaPalabra + 1 & ":" &
ultimaFila).Delete  ' Elimina filas posteriores
    End If

    '-----------------------------------------
    ' GENERAR ALEATORIOS EN COLUMNA B
    '-----------------------------------------
    ultimaFila = wsF3.Cells(wsF3.Rows.Count,
"A").End(xlUp).Row  ' Última fila tras limpiar
    RangoAOrdenar = "B3:B" & ultimaFila  ' Rango
de aleatorios

    wsF3.Range(RangoAOrdenar).Formula = "=RAND()"
  ' Inserta fórmula RAND()

    '-----------------------------------------
    ' ORDENAR POR COLUMNA B (ALEATORIOS)
    '-----------------------------------------
    Rango = "A3:B" & ultimaFila  ' Rango completo
A3:B...

    wsF3.Sort.SortFields.Clear  ' Limpia
criterios
    wsF3.Sort.SortFields.Add2
Key:=wsF3.Range(RangoAOrdenar), _
```

```
            SortOn:=xlSortOnValues,
Order:=xlAscending, DataOption:=xlSortNormal

        With wsF3.Sort  ' Configura ordenación
            .SetRange wsF3.Range(Rango)  ' Rango
completo A:B
            .Header = xlGuess  ' Excel decide
encabezado
            .MatchCase = False  ' Ignora mayúsculas
            .Orientation = xlTopToBottom  ' Orden
vertical
            .SortMethod = xlPinYin  ' Método de
ordenación
            .Apply  ' Ejecuta ordenación
        End With

    End Sub  ' Fin de la macro
```

Ya has aprendido a escribir código claro, mantenible y sin dependencias del cursor. Has visto cómo copiar valores sin portapapeles, ordenar datos con precisión y aplicar buenas prácticas de control de errores. Este método profesional es la base sólida sobre la que construiremos técnicas más avanzadas. En el próximo capítulo verás cómo compactar este enfoque sin perder calidad.

Capítulo 5 — El Método Profesional Compacto

5.1 Introducción al método profesional compacto

En este capítulo damos un paso decisivo hacia un código más elegante, más rápido y más inteligente. Después de dominar el método profesional, llega el momento de refinarlo: reducir líneas sin perder claridad, aprovechar estructuras eficientes y adoptar técnicas que permiten escribir macros potentes con un código sorprendentemente breve.

Llevamos el código profesional un paso más allá. Después de aprender a trabajar sin portapapeles, ordenar datos con precisión y aplicar buenas prácticas, llega el momento de compactar el código sin perder claridad. El objetivo no es escribir menos por escribir menos, sino eliminar redundancias, aprovechar estructuras eficientes y construir macros que sean rápidas, limpias y fáciles de leer.

El método profesional compacto no consiste en "escribir menos por escribir menos", sino en eliminar todo lo que sobra, aprovechar mejor los recursos del lenguaje y construir procedimientos que sean fáciles de leer, rápidos de ejecutar y sencillos de mantener. Aquí el lector descubre cómo combinar arrays, bucles optimizados y operaciones directas para transformar tareas complejas en soluciones limpias y precisas.

El método profesional compacto se basa en tres principios:

- hacer más con menos líneas,
- usar estructuras eficientes como arrays y bucles optimizados,
- mantener la lógica clara y comprensible.

Además, veremos cómo generar valores aleatorios sin depender de fórmulas en la hoja, cómo ordenar datos de forma directa y cómo aplicar patrones de programación que reducen la complejidad sin sacrificar la lógica.

Este capítulo marca el inicio de una forma más madura de programar: código compacto, eficiente y profesional, pensado para quienes buscan rendimiento sin renunciar a la claridad.

El método profesional compacto cómo hemos visto se basa en tres principios fundamentales:

- hacer más con menos líneas,
- usar estructuras eficientes como arrays y bucles optimizados,
- mantener la lógica clara y comprensible.

Este enfoque permite crear código elegante, potente y preparado para tareas más exigentes. Aquí el lector empieza a ver cómo una macro profesional puede transformarse en una herramienta realmente optimizada.

Ordenar datos con precisión

El método compacto busca que la ordenación sea exacta y eficiente, pero también concisa. En lugar de largas secuencias grabadas por Excel, se utiliza el objeto Sort con parámetros definidos de forma explícita y mínima.

Una ordenación profesional compacta:

- especifica el rango,
- define la clave,
- establece el orden,
- y ejecuta la operación en una sola estructura clara.

Este enfoque elimina líneas redundantes y evita dependencias del cursor o de la hoja activa. La ordenación se convierte en una instrucción precisa, corta y completamente controlada por el código.

5.2 Reducción de líneas sin perder claridad

El método profesional compacto busca un equilibrio entre potencia y simplicidad. No se trata de escribir el menor número de líneas posible, sino de eliminar todo lo que no aporta valor. La claridad sigue siendo la prioridad, pero ahora acompañada de una estructura más ágil y directa.

Reducir líneas implica:

- evitar pasos redundantes,
- combinar operaciones compatibles,
- usar propiedades y métodos que resuelven tareas completas,
- y reemplazar secuencias largas por instrucciones más expresivas.

El resultado es un código más limpio, más rápido y más fácil de leer. La compactación no sacrifica la comprensión: la mejora.

5.3 Uso de arrays y bucles eficientes

Los arrays son una herramienta fundamental para escribir código compacto y eficiente. Permiten cargar datos en memoria, procesarlos sin depender de la hoja y devolver los resultados en una sola operación. Esto reduce el número de accesos a Excel y acelera la ejecución de forma notable.

Los bucles eficientes complementan este enfoque. En lugar de recorrer celdas una por una, se trabaja sobre estructuras internas que permiten iteraciones rápidas y controladas. Además, se pueden aplicar técnicas como:

- minimizar operaciones dentro del bucle,
- usar variables temporales,
- y evitar llamadas repetidas a la hoja.

Este apartado enseña al lector cómo combinar arrays y bucles para transformar procesos largos en soluciones compactas y ultrarrápidas.

5.4 Cómo escribir código mantenible

La compactación no debe sacrificar la mantenibilidad. Un código compacto sigue siendo un código profesional si:

- está dividido en procedimientos claros,
- evita duplicar lógica,
- utiliza nombres descriptivos,
- y mantiene una estructura coherente.

La clave está en encontrar el equilibrio: reducir líneas sin perder claridad. Un código mantenible compacto es aquel que cualquier programador puede leer y entender sin esfuerzo, incluso si no conoce el proyecto original.

Este capítulo enseña al lector a escribir código que es a la vez corto, eficiente y fácil de mantener. Esa combinación es la esencia del método profesional compacto.

5.5 Generación de aleatorios sin fórmulas

Generar valores aleatorios directamente en VBA evita depender de fórmulas en la hoja y permite un control total sobre el proceso.

El método compacto utiliza funciones internas del lenguaje para producir números aleatorios de forma rápida, limpia y sin necesidad de escribir nada en Excel.

Este enfoque es ideal para:

- simulaciones,
- pruebas de rendimiento,
- generación de datos de ejemplo,
- y algoritmos que requieren variabilidad controlada.

La generación de aleatorios sin fórmulas mantiene el código dentro del propio VBA, reduce la complejidad y mejora la velocidad.

5.6 Ordenación directa y limpia

La ordenación compacta se basa en utilizar métodos claros y eficientes que no dependan de la interfaz. En lugar de grabar una secuencia de pasos, el código define:

- el rango,
- la clave,
- el tipo de orden,
- y la ejecución en una sola estructura.

Este enfoque elimina líneas innecesarias, evita dependencias del cursor y garantiza que la ordenación sea precisa y reproducible. La ordenación directa y limpia es una de las mejoras más visibles cuando se pasa del método profesional al método compacto.

5.7 Ejemplo completo y explicación línea por línea

```
Sub Fallos_3_Sesiones_Pro()  ' Inicio de la macro
' Método VBA más profesional aún y más compacto.

Dim wsE As Worksheet, wsF3 As Worksheet
' Declara dos objetos hoja: origen y destino
Dim ultimaFila As Long, ultimaPalabra As Long
' Variables para filas
Dim i As Long ' Contador para bucles

Set wsE = Sheets("Ejercicios")
' Asigna la hoja Ejercicios al objeto wsE
Set wsF3 = Sheets("Fallos 3 sesiones")
' Asigna la hoja Fallos 3 sesiones al objeto wsF3

'-----------------------------------------
' COPIAR AD3:AD... → A3:A...
'-----------------------------------------
ultimaFila = wsE.Cells(wsE.Rows.Count,
"AD").End(xlUp).Row
wsF3.Range("A3").Resize(ultimaFila - 2).Value = _
wsE.Range("AD3:AD" & ultimaFila).Value
' Copia valores sin usar portapapeles

'-----------------------------------------
' ORDENAR COLUMNA A (PALABRAS ARRIBA)
'-----------------------------------------
ultimaFila = wsF3.Cells(wsF3.Rows.Count,
"A").End(xlUp).Row

With wsF3.Sort
.SortFields.Clear
.SortFields.Add2 wsF3.Range("A3:A" & ultimaFila),
xlSortOnValues, xlDescending
.SetRange wsF3.Range("A3:A" & ultimaFila)
.Header = xlGuess
.Apply
```

```
  End With

  '--------------------------------------------
  ' ELIMINAR FILAS DESPUÉS DE LA ÚLTIMA PALABRA
  '--------------------------------------------
  ultimaPalabra = 0

  For i = 3 To ultimaFila
  If Trim(wsF3.Cells(i, "A").Value) <> "" And _
  Not IsNumeric(wsF3.Cells(i, "A").Value) Then
  ultimaPalabra = i
  End If
  Next i

  If ultimaPalabra > 0 Then
  wsF3.Rows(ultimaPalabra + 1 & ":" &
ultimaFila).Delete
  End If

  '--------------------------------------------
  ' GENERAR ALEATORIOS EN COLUMNA B (VALORES)
  '--------------------------------------------
  ultimaFila = wsF3.Cells(wsF3.Rows.Count,
"A").End(xlUp).Row

  Dim arr() As Double
  ReDim arr(1 To ultimaFila - 2, 1 To 1)

  For i = 1 To ultimaFila - 2
  arr(i, 1) = Rnd()
  Next i

  wsF3.Range("B3").Resize(ultimaFila - 2).Value =
arr

  '--------------------------------------------
  ' ORDENAR POR COLUMNA B (ALEATORIOS)
  '--------------------------------------------
  With wsF3.Sort
  .SortFields.Clear
```

```
    .SortFields.Add2 wsF3.Range("B3:B" & ultimaFila),
xlSortOnValues, xlAscending
    .SetRange wsF3.Range("A3:B" & ultimaFila)
    .Header = xlGuess
    .Apply
    End With

    End Sub  ' Fin de la macro
```

Aquí has descubierto cómo reducir líneas de código manteniendo la claridad, cómo usar arrays y bucles eficientes y cómo generar aleatorios sin fórmulas. Este método compacto te muestra que profesional no significa "largo", sino "preciso". En el siguiente capítulo entrarás en el terreno de la optimización extrema, donde el rendimiento se convierte en protagonista.

Capítulo 6 — El Método Ultra-Optimizado

Qué mejoras tiene esta versión

✔ Ultra compacta

He eliminado todo lo que no aporta valor: variables redundantes, rangos intermedios, concatenaciones innecesarias...

✔ Sin Select / Activate

Esto la hace más rápida, más estable y más profesional.

✔ Copia directa de valores

Resize(...).Value = ... Sin portapapeles, sin PasteSpecial.

✔ Aleatorios como valores

Generados con Rnd() y escritos directamente.

✔ Ordenaciones limpias

Solo dos bloques With wsF3.Sort, uno para A y otro para B.

✔ Código más legible

Cada bloque hace exactamente una cosa, sin ruido.

6.1 Trabajo en memoria: arrays y rendimiento

El verdadero salto hacia la optimización ocurre cuando dejamos de trabajar directamente sobre la hoja y empezamos a operar en memoria. Excel es excelente para mostrar datos, pero lento para procesarlos. Cada acceso a una celda, cada lectura y cada escritura implica comunicación con la interfaz, y eso penaliza el rendimiento cuando los datos son grandes.

Los arrays permiten cargar un rango completo en memoria, procesarlo de forma interna y devolver el resultado a la hoja en una sola operación. Este enfoque reduce drásticamente el número de interacciones con Excel y multiplica la velocidad de ejecución. Además, trabajar en memoria abre la puerta a algoritmos más avanzados, estructuras más limpias y un control total sobre los datos.

En este capítulo aprenderás a usar arrays como herramienta principal para transformar macros lentas en soluciones ultrarrápidas.

6.2 Introducción al algoritmo QuickSort

QuickSort es uno de los algoritmos de ordenación más eficientes y elegantes que existen. Su potencia radica en dividir el problema en partes más pequeñas y ordenarlas de forma recursiva. Aunque Excel ofrece métodos de ordenación integrados, QuickSort permite ordenar datos en memoria con una velocidad superior y sin depender de la hoja.

El algoritmo se basa en tres ideas:

- elegir un elemento pivote,
- dividir el array en elementos menores y mayores que el pivote,
- ordenar cada parte de forma independiente.

Este enfoque divide y vencerás permite ordenar miles de elementos en milésimas de segundo. En VBA, QuickSort se convierte en una herramienta ideal para quienes buscan rendimiento real y control total sobre el proceso.

Aquí verás cómo implementarlo de forma clara, didáctica y adaptada al entorno de Excel.

6.3 Cómo ordenar dos arrays en paralelo

En muchos escenarios, los datos no vienen solos: una columna depende de otra. Por ejemplo, nombres y valores, fechas y cantidades, códigos y descripciones. Ordenar un array sin mantener la relación con el otro puede destruir la integridad de la información.

El método ultra optimizado incluye la capacidad de ordenar dos arrays en paralelo. Esto significa que, cuando un elemento del primer array cambia de posición, el elemento correspondiente del segundo array se mueve con él. De esta forma, la estructura lógica de los datos se mantiene intacta.

Este proceso requiere precisión, pero es extremadamente útil para:

- ordenar listas con claves y valores,
- preparar datos para informes,
- generar rankings,
- construir algoritmos más complejos.

En este capítulo aprenderás a implementar esta técnica de forma clara y eficiente.

6.4 Explicación didáctica del algoritmo paso a paso

Un algoritmo solo es útil si se entiende. Por eso, en este capítulo no solo verás QuickSort funcionando, sino que lo desglosaremos paso a paso. Analizaremos:

- cómo se elige el pivote,
- cómo se divide el array,
- cómo se realizan los intercambios,

- cómo se gestionan los límites,
- y cómo se ejecuta la recursión.

Cada parte del algoritmo estará explicada con claridad, para que el lector pueda seguir el flujo lógico sin perderse. El objetivo es que no solo puedas usar QuickSort, sino comprenderlo y adaptarlo a tus propias necesidades.

Esta explicación didáctica convierte un algoritmo avanzado en una herramienta accesible para cualquier programador de VBA.

6.5 Comparación de tiempos y eficiencia

La optimización no se entiende sin medir. Por eso, este capítulo incluye una comparación real de tiempos entre:

- macros grabadas,
- código profesional,
- código compacto,
- y el método ultra optimizado con arrays y QuickSort.

Verás cómo el rendimiento mejora de forma exponencial cuando se reduce el número de accesos a la hoja y se trabaja en memoria. También aprenderás a medir tiempos en VBA usando funciones internas, lo que te permitirá evaluar tus propias macros y detectar cuellos de botella.

Esta comparación demuestra que la optimización no es teoría: es una diferencia tangible que puede transformar por completo la velocidad de tus procesos.

6.6 Ejemplo completo y explicación línea por línea

```
    Sub Fallos_3_Sesiones_Ultra()
' Método VBA ultra optimizado: todo en memoria, sin
Select, sin Activate.

        Dim wsE As Worksheet, wsF3 As Worksheet
' Declara las hojas origen y destino
        Dim datos As Variant
' Array para cargar AD3:AD... en memoria
        Dim salida() As Variant
' Array 1D temporal para palabras
        Dim salida2D() As Variant
' Array 2D final para volcar a la hoja
        Dim aleatorios() As Double
' Array de claves aleatorias para ordenar
        Dim i As Long, n As Long
' Contadores
        Dim ultimaFila As Long
' Última fila con datos en AD
        Set wsE = Sheets("Ejercicios")
' Asigna la hoja Ejercicios al objeto wsE
        Set wsF3 = Sheets("Fallos 3 sesiones")
' Asigna la hoja Fallos 3 sesiones al objeto wsF3

        '-----------------------------------------
        ' CARGAR AD3:AD... EN MEMORIA
        '-----------------------------------------
        ultimaFila = wsE.Cells(wsE.Rows.Count,
"AD").End(xlUp).Row
        datos = wsE.Range("AD3:AD" &
ultimaFila).Value

        '-----------------------------------------
        ' FILTRAR SOLO PALABRAS (NO NÚMEROS)
        '-----------------------------------------
        ReDim salida(1 To UBound(datos))
        n = 0
```

```
        For i = 1 To UBound(datos)
            If Trim(datos(i, 1)) <> "" Then
                If Not IsNumeric(datos(i, 1)) Then
                    n = n + 1
                    salida(n) = datos(i, 1)
                End If
            End If
        Next i
        If n = 0 Then Exit Sub
        ReDim Preserve salida(1 To n)

        '-----------------------------------------
        ' GENERAR ALEATORIOS Y ORDENAR EN MEMORIA
        '-----------------------------------------
        ReDim aleatorios(1 To n)
        For i = 1 To n
            aleatorios(i) = Rnd()
        Next i
        QuickSort salida, aleatorios, 1, n

        '-----------------------------------------
        ' CONVERTIR A 2D PARA VOLCAR A LA HOJA
        '-----------------------------------------
        ReDim salida2D(1 To n, 1 To 1)
        For i = 1 To n
            salida2D(i, 1) = salida(i)
        Next i

        '-----------------------------------------
      ' VOLCAR RESULTADO A LA HOJA
        '-----------------------------------------
        wsF3.Range("A3").Resize(n, 1).Value =
salida2D
    End Sub

    '===============================================
    ' QUICKSORT PARA ORDENAR DOS ARRAYS EN PARALELO
    '===============================================
```

```
  Sub QuickSort(ByRef arr As Variant, ByRef key As
Variant, ByVal first As Long, ByVal last As Long)
      Dim low As Long, high As Long
' Índices de recorrido
      Dim pivot As Double
' Valor pivote
      Dim tempKey As Double
' Variable temporal para intercambiar claves
      Dim tempVal As Variant
' Variable temporal para intercambiar valores
      low = first
      high = last
      pivot = key((first + last) \ 2)

      Do While low <= high
          Do While key(low) < pivot
              low = low + 1
          Loop
          Do While key(high) > pivot
              high = high - 1
          Loop

          If low <= high Then
              tempKey = key(low)
              key(low) = key(high)
              key(high) = tempKey
              tempVal = arr(low)
              arr(low) = arr(high)
              arr(high) = tempVal
              low = low + 1
              high = high - 1  ' Guion normal(-)
          End If

      Loop
      If first < high Then QuickSort arr, key,
first, high
      If low < last Then QuickSort arr, key, low,
last

  End Sub  ' Fin del algoritmo QuickSort
```

Ahora ya conoces cómo trabajar en memoria, cómo ordenar con QuickSort y cómo manejar arrays en paralelo. Has visto la diferencia real de rendimiento entre métodos y has entendido por qué la optimización importa. Este es el nivel más alto del recorrido técnico. En el próximo capítulo compararemos todas las versiones para que puedas elegir la adecuada en cada situación.

Como has visto tenemos dos Sub:

Sub Fallos_3_Sesiones_Ultra() y Sub QuickSort(ByRef…)

¿Hay que ejecutar cada macro por separado? No

✓ Solo ejecutas una: Sub Fallos_3_Sesiones_Ultra()

La otra:

➤ Sub QuickSort(ByRef...) no es una macro que se ejecute por sí sola, sino una función auxiliar (un procedimiento) que la macro principal utiliza internamente.

Piensa en QuickSort como una herramienta interna.

Es como si tu macro principal dijera:

"Necesito ordenar estos datos rápidamente. Voy a llamar a mi herramienta QuickSort para que lo haga."

QuickSort **no se ejecuta sola,** porque no tiene sentido que lo haga:

- No copia datos
- No elimina filas
- No genera aleatorios
- No escribe nada en la hoja

Solo **ordena arrays** cuando otra macro se lo pide.

Dentro de la macro principal aparece esta línea: **QuickSort salida, aleatorios, 1, n**

Eso significa:

- La macro principal **invoca** QuickSort
- Le pasa los arrays salida y aleatorios
- QuickSort los ordena
- Devuelve los arrays ordenados
- La macro principal continúa su trabajo

"En VBA, una macro puede contener otras **Sub** que funcionan como herramientas internas. La macro principal es la que se ejecuta. Las Sub auxiliares solo se usan cuando la macro las llama."

Explicación didáctica del algoritmo QuickSort

QuickSort es uno de los algoritmos de ordenación más rápidos que existen. Funciona así:

1. **Elegir un pivote**

Se toma un elemento del array como referencia:
pivot = key((first + last) \ 2) 'Este es el valor central de rango

2. **Divide el array en dos partes**

- A la izquierda del pivote → valores **menores**
- A la derecha del pivote → valores **mayores**
- Esto se hace moviendo dos índices:
- low avanza desde la izquierda
- high retrocede desde la derecha

3. **Intercambiar elementos**

Cuando low encuentra un valor mayor que el pivote y high encuentra uno menor, se intercambian.

Esto mantiene la regla:

Izquierda → valores menores

Derecha → valores mayores

4. Llamada recursiva

Una vez dividido el array en dos partes:

- Se ordena la parte izquierda
- Se ordena la parte derecha

Cada parte se ordena con el mismo algoritmo.

5. Ordenación en paralelo

Aquí QuickSort ordena dos arrays a la vez:

key() → los aleatorios

arr() → las palabras

Cada vez que se intercambia un aleatorio, se intercambia también la palabra correspondiente.

Esto garantiza que:

Las palabras quedan ordenadas según sus aleatorios.

6. Resultado final

Esta versión:

- No usa Select
- No usa Copy/Paste
- No usa fórmulas
- No usa rangos de Excel para ordenar
- Ordena todo en memoria

- Es la más rápida y profesional
- Es la más didáctica para enseñar algoritmos reales

Qué hace esta versión Ultra que ninguna otra hace

✓ Procesa todo en memoria

No toca la hoja hasta el final → **velocidad brutal.**

✓ Filtra palabras sin recorrer la hoja

Todo se hace en arrays → **cero accesos lentos a celdas.**

✓ Ordena con QuickSort

Mucho más rápido que el motor de Excel.

✓ No usa fórmulas

Los aleatorios son **valores reales**.

✓ No usa Select, Activate, Copy, Paste

Cero riesgos de errores.

✓ Código ultra compacto y profesional

Es el tipo de código que se usa en automatizaciones de alto rendimiento.

Capítulo 7 — Comparativa de versiones

7.1 Coste computacional de cada método

Cada versión de la macro tiene un coste computacional distinto. La macro grabada realiza muchas operaciones innecesarias: selecciona celdas, activa hojas y ejecuta pasos redundantes. Esto implica un número elevado de interacciones con Excel, lo que se traduce en un tiempo de ejecución mayor.

A medida que avanzamos hacia métodos más profesionales, el coste computacional disminuye. El código limpio elimina dependencias visuales, el método compacto reduce líneas y operaciones, y el método ultra optimizado trabaja en memoria, minimizando el número de accesos a la hoja.

7.2 Rendimiento real en distintos tamaños de datos

El rendimiento de una macro no se aprecia igual con 100 filas que con 100.000. Un método que parece rápido en un conjunto pequeño puede volverse lento cuando los datos crecen. Por eso es fundamental evaluar cada versión con distintos tamaños de información.

En este apartado veremos cómo se comportan las macros:

- con rangos pequeños,
- con rangos medianos,
- y con rangos grandes.

La comparación mostrará que los métodos básicos escalan mal, mientras que los métodos optimizados mantienen tiempos estables incluso con grandes volúmenes de datos. Esta prueba práctica permite al lector entender cuándo una mejora técnica marca una diferencia real.

7.3 Cuando usar cada versión

No todas las situaciones requieren el método más avanzado. A veces, una macro simple es suficiente; otras veces, la eficiencia es crítica. En este apartado explicamos cuándo conviene usar cada versión:

- Macro grabada: tareas rápidas, simples y puntuales.
- Método casi profesional: automatizaciones básicas que necesitan estabilidad.
- Método profesional: procesos repetitivos que deben funcionar siempre.
- Método compacto: soluciones que requieren claridad y velocidad.
- Método ultra optimizado: grandes volúmenes de datos o tareas intensivas.

El objetivo es que el lector aprenda a elegir la herramienta adecuada según el contexto, evitando tanto el exceso de complejidad como la falta de rendimiento.

7.4 Buenas prácticas de optimización

La optimización no es un truco puntual, sino un conjunto de hábitos. En este apartado reunimos las buenas prácticas que se han ido introduciendo a lo largo del libro:

1. minimizar accesos a la hoja,
2. trabajar en memoria siempre que sea posible,
3. evitar dependencias del entorno,
4. usar objetos explícitos,
5. reducir operaciones redundantes,
6. medir tiempos para detectar cuellos de botella.

Estas prácticas permiten construir macros que no solo funcionan, sino que funcionan bien. La optimización se convierte así en una forma de pensar, no en un añadido final.

Coste computacional de las cinco versiones:

Usaré aquí notación Big-O (O(n), O(n^2), etc.), pero explicada en lenguaje natural.

1.- Método Principiante — *Macro2()*

✔ Coste computacional: O(n^2)

❗ Es la versión más lenta

Razones:

- Usa .Select, .Activate, .Copy, .Paste → **cada una es una operación lenta.**
- Ordena usando el motor de Excel → coste aproximado **O(n log n)**, pero con sobrecoste por select.
- El bucle que busca la última palabra es **O(n)**.

- El uso de portapapeles añade latencia.
- Accede a celdas una por una → cada acceso es lento.

Resultado real:

Es la versión **más lenta**, especialmente con miles de filas.

2.- Método Casi Profesional — *Fallos_3_Sesiones()*

✓ Coste computacional: O(n log n)

✓ Mucho más rápido que el principiante (1)

Razones:

- Reduce .Select, pero aún usa .Copy y .Paste.
- Ordenación sigue siendo Excel → **O(n log n)**.
- Búsqueda de última palabra → **O(n)**.
- Acceso a celdas sigue siendo lento, pero menos que antes.

Resultado real:

Rápido para 1.000 filas, aceptable para 10.000, lento para 50.000+.

3.- Método Profesional — Fallos_3_Sesiones_Optimizada()

✓ Coste computacional: O(n log n)

✓ Más rápido que el casi profesional (2)

Razones:

- No usa .Select ni .Activate.
- Copia valores directamente con .Value = .Value → muy rápido.
- Ordenación sigue siendo Excel → **O(n log n).**

- Búsqueda de última palabra → **O(n).**

Resultado real:

Muy rápido para 10.000 filas, aceptable para 50.000.

4.- Método Profesional Compacto — *Fallos_3_Sesiones_Pro()*

✓ Coste computacional: O(n log n)

✓ El más eficiente usando Excel

Razones:

- Todo se hace con arrays para los aleatorios → **O(n)**.
- Ordenación Excel → **O(n log n)**.
- Sin portapapeles.
- Sin select.
- Sin fórmulas.

Resultado real:

Excelente rendimiento hasta 100.000 filas.

5.- Método Ultra-Optimizado — *Fallos_3_Sesiones_Ultra()*

Coste computacional: O(n log n)

Es la versión más rápida de todas

No depende del motor de Excel

Razones:

- Carga todo en memoria → acceso **O(1)** por elemento.
- Filtrado de palabras → **O(n).**
- Generación de aleatorios → **O(n)**.

- Ordenación QuickSort → **O(n log n)** en promedio.
- Escritura final en hoja → **O(n)**.

Resultado real:

- Ultra rápida para 100.000 filas
- Sigue siendo rápida para 500.000
- Puede manejar 1 millón de filas si hay memoria suficiente.

Explicación didáctica.

"La diferencia entre las versiones no está en lo que hacen, sino en cómo lo hacen. Todas realizan las mismas operaciones, pero cada versión reduce el número de accesos a la hoja, elimina pasos innecesarios y aprovecha estructuras más eficientes. El coste computacional baja y la velocidad sube."

Resumen comparativo de 5 diferentes maneras de hacer un código VBA

Versión	Coste	Velocidad real	Adecuado para
Principiante	❌ $O(n^2)$	Lento	< 5.000 filas
Casi profesional	✓ O(n log n)	Aceptable	< 20.000 filas
Profesional	✓ O(n log n)	Rápido	< 50.000 filas
Profesional compacta	⭐O(n log n)	Muy rápido	< 100.000 filas
Ultra optimizada	⭐⭐O(n log n)	Extremadamente rápida	100.000 – 1.000.000 filas

Aunque varias versiones tienen el mismo coste computacional teórico (O(n log n)), su velocidad real es diferente porque no todas ejecutan el mismo número de operaciones ni acceden a los datos de la misma manera. Big-O solo describe cómo crece el tiempo cuando aumenta el tamaño del problema, pero no mide los segundos reales. Las versiones más avanzadas trabajan íntegramente en memoria, eliminan accesos lentos a la hoja, reducen instrucciones innecesarias y aprovechan estructuras más eficientes. Por eso, aun compartiendo la misma complejidad teórica, las versiones profesional, compacta y ultra optimizada son significativamente más rápidas en la práctica.

Contenido adicional para el lector:

¿Qué significa O(n log n)?

Para quien quiera profundizar un poco más, esta es la interpretación didáctica de la notación:

- **n** Es el número de elementos que vas a ordenar. Si tienes 10.000 filas → n = 10.000.
- **log n** Es un número que crece muy despacio. Para 10.000 elementos, $\log_2(10.000) \approx 13$.
- **n log n** Es el resultado de multiplicar:
  - n → tamaño del problema
  - log n → número de particiones del algoritmo

Ejemplo: Si n = 10.000 n log n ≈ 10.000 × 13 = **130.000 operaciones teóricas**.

En este capítulo has visto cómo se comportan los distintos métodos según el tamaño de los datos y el coste computacional. Ya puedes elegir la versión adecuada para cada caso, equilibrando claridad, velocidad y mantenimiento. Con esta visión global estás preparado para pensar como un ingeniero de macros.

Para saber más [1]

[1] **Para saber más**
La notación *Big-O* se utiliza para describir cómo crece el tiempo de ejecución de un algoritmo cuando aumenta el tamaño del problema.

En el caso de *O(n log n)*, **n** representa el número de elementos a procesar y **log n** el número de particiones que realiza el algoritmo. Por ejemplo, si n = 10.000, entonces $\log_2(10.000) \approx 13$, y el coste teórico sería aproximadamente **10.000 × 13 = 130.000 operaciones**. Esta medida no indica segundos reales, pero sí permite comparar la eficiencia de distintos métodos a gran escala.

Capítulo 8 — Ingeniería del código VBA

8.1 Pensar como un ingeniero de macros

La ingeniería del código VBA no consiste en escribir líneas sin más, sino en comprender cómo cada instrucción afecta al rendimiento, la claridad y el mantenimiento de una solución. Pensar como un ingeniero de macros significa analizar el problema antes de escribir, diseñar la estructura lógica, anticipar errores y buscar siempre la forma más limpia y eficiente de resolver una tarea.

Un ingeniero de macros no se limita a "hacer que funcione": busca que funcione **bien**, que funcione **siempre**, y que funcione **para cualquiera** que necesite usar o modificar el código en el futuro. Esa mentalidad es lo que convierte una macro en una herramienta profesional.

8.2 Diseño modular y reutilizable

El diseño modular es uno de los pilares de la ingeniería del código. En VBA, esto significa dividir las tareas en procedimientos pequeños, claros y especializados. Cada módulo debe tener un propósito concreto: uno para ordenar datos, otro para validar entradas, otro para generar informes, etc.

Este enfoque aporta tres ventajas fundamentales:

- **Reutilización:** un procedimiento bien diseñado puede usarse en múltiples proyectos sin cambios.
- **Mantenimiento:** si algo falla, sabes exactamente dónde buscar.

- **Escalabilidad:** puedes ampliar la solución sin romper lo que ya funciona.

Un código monolítico es frágil; un código modular es robusto. La modularidad convierte tus macros en piezas de ingeniería, no en simples automatizaciones.

8.3 Documentación y mantenimiento

Un código sin documentación es un código que envejece mal. Documentar no es escribir párrafos interminables, sino dejar claro:

- qué hace cada procedimiento,
- qué parámetros recibe,
- qué devuelve,
- y qué supuestos utiliza.

Los comentarios deben ser breves, precisos y útiles. La documentación externa —como una hoja de especificaciones o un archivo README— ayuda a que otros puedan entender tu trabajo sin depender de ti.

El mantenimiento es la consecuencia natural de una buena documentación. Un código bien explicado se puede mejorar, adaptar y corregir con facilidad. Un código sin explicación se convierte en un rompecabezas incluso para su propio autor.

8.4 Cómo enseñar VBA de forma profesional

Enseñar VBA no consiste en mostrar comandos, sino en transmitir una forma de pensar. La enseñanza profesional se basa en tres principios:

- **Explicar el porqué, no solo el cómo.** Cuando el alumno entiende la razón detrás de una instrucción, puede aplicarla en cualquier contexto.

- **Mostrar la evolución del código.** Ver cómo una macro grabada se transforma en una solución optimizada es más valioso que aprender funciones aisladas.

- **Fomentar la práctica guiada.** El alumno debe escribir, equivocarse, corregir y mejorar. La programación se aprende haciendo.

Un buen instructor de VBA no enseña macros: enseña lógica, estructura y claridad. El objetivo no es que el alumno copie código, sino que aprenda a construirlo.

Aquí has aprendido a diseñar código modular, reutilizable y bien documentado. También has visto cómo enseñar VBA de forma profesional. Este capítulo te convierte en alguien capaz de crear soluciones robustas y de transmitir ese conocimiento. En el siguiente capítulo encontrarás recursos y herramientas para seguir creciendo.

Capítulo 9 — QuickSort: Ordenación Profesional en Memoria para VBA

Resumen del capítulo

Este capítulo te presenta uno de los algoritmos más importantes para cualquier programador que trabaje con Excel: **QuickSort**. Descubrirás por qué ordenar datos directamente en la hoja es lento, cómo QuickSort aprovecha la memoria para acelerar procesos y por qué este algoritmo encaja de forma natural con los arrays de VBA. A través de diagramas visuales, pseudocódigo y una implementación completa en VBA, comprenderás su funcionamiento interno y aprenderás a aplicarlo en tus propios proyectos. También revisaremos errores comunes, cuándo QuickSort no es la mejor opción y cómo se compara con otros algoritmos de ordenación. Al finalizar, tendrás una herramienta profesional capaz de transformar procesos lentos en soluciones eficientes y escalables.

9.1 Por qué necesitamos un buen algoritmo de ordenación

Cuando trabajas con macros en Excel, tarde o temprano surge la necesidad de ordenar datos de forma rápida y fiable. Excel ofrece métodos de ordenación integrados, pero presentan dos problemas claros:

- se vuelven lentos cuando el volumen de datos crece,
- dependen de la hoja, lo que implica miles de accesos costosos a celdas.

La solución profesional consiste en ordenar **en memoria**, dentro de un array. Y para eso necesitamos un algoritmo eficiente.

Entre todas las opciones disponibles, **QuickSort** destaca por su velocidad, su elegancia y su perfecta adaptación al entorno de VBA.

9.2 Qué es QuickSort

QuickSort es un algoritmo de ordenación basado en la estrategia clásica de **divide y vencerás**. Su idea central es muy sencilla:

1. Elegir un pivote.
2. Dividir el array en dos partes:
    a. elementos menores que el pivote,
    b. elementos mayores que el pivote.
3. Ordenar cada parte de forma independiente.
4. Combinar los resultados.

Este proceso se repite de manera recursiva hasta que cada subarray queda ordenado.

La clave está en que QuickSort reduce el problema en cada paso, evitando comparaciones innecesarias.

9.3 Por qué QuickSort es ideal para VBA

QuickSort no solo es rápido en teoría: es el algoritmo que mejor encaja con la forma en que VBA trabaja internamente.

9.3.1 VBA es lento en la hoja, pero rápido en memoria

Cada lectura o escritura en una celda es costosa. QuickSort trabaja completamente dentro de arrays, sin tocar la hoja hasta el final.

9.3.2 Complejidad O(n log n): escala de forma excelente

Mientras que algoritmos simples como BubbleSort son $O(n^2)$, QuickSort mantiene un rendimiento sobresaliente incluso con miles de elementos.

9.3.3 Los arrays de VBA son perfectos para QuickSort

- acceso rápido por índice
- estructura simple
- ideales para dividir y conquistar
- no requieren memoria adicional

9.3.4 Implementación corta, clara y didáctica

QuickSort se explica bien, se entiende bien y se implementa bien. Es ideal para enseñar cómo piensa un programador.

9.3.5 Permite ordenar cualquier tipo de dato

- números
- texto
- registros
- arrays paralelos
- estructuras complejas

Solo hay que ajustar la comparación.

9.4 Cómo funciona QuickSort (explicación paso a paso)

Supongamos que tenemos este array:

Código

[7, 3, 9, 1, 5]

Paso 1: elegir un pivote

Por ejemplo, el elemento central: **9**.

Paso 2: particionar el array

- Menores que 9 → [7, 3, 1, 5]
- Mayores que 9 → []

Paso 3: ordenar cada parte

QuickSort se llama a sí mismo para ordenar [7, 3, 1, 5].

Paso 4: combinar

Resultado final:

Código

[1, 3, 5, 7, 9]

La magia está en que cada partición reduce el problema y evita comparaciones innecesarias.

Diagrama visual: QuickSort aplicado a números

Código

```
--------------------------------------------------
|                 ARRAY INICIAL                  |
--------------------------------------------------
                 [7, 3, 9, 1, 5]
```

```
             ↓ Elegimos un pivote
--------------------------------------------------
|                  PIVOTE = 9                    |
--------------------------------------------------
             ↓ Particionamos el array
--------------------------------------------------
| MENORES QUE EL PIVOTE | MAYORES QUE EL PIVOTE |
--------------------------------------------------
  [7, 3, 1, 5]                    [ ]
             ↓ QuickSort en cada parte
--------------------------------------------------
| ORDENAMOS LA PARTE IZQUIERDA (recursión) |
--------------------------------------------------
 [7, 3, 1, 5]
      ↓ pivote = 3
--------------------------------------------------
| MENORES   |   MAYORES |
--------------------------------------------------
  [1]             [7, 5]
             ↓ QuickSort en cada subarray
--------------------------------------------------
[1] → ya ordenado
[7, 5] → pivote = 5 → [5, 7]
             ↓ Combinamos resultados
--------------------------------------------------
[1, 3, 5, 7]
             ↓ Añadimos el pivote original
--------------------------------------------------
[1, 3, 5, 7, 9]
```

Este diagrama muestra claramente:

- cómo se divide el array,
- cómo se elige el pivote,
- cómo se ordenan las partes,
- cómo se reconstruye el resultado final.

Diagrama visual: QuickSort aplicado a palabras

Supongamos que queremos ordenar:

Código

["loma", "rama", "casa", "lima", "roma"]

Código

```
-----------------------------------------------------
|                 ARRAY INICIAL                     |
-----------------------------------------------------
["loma", "rama", "casa", "lima", "roma"]
            ↓ Elegimos un pivote
-----------------------------------------------------
|                 PIVOTE = "casa"                   |
-----------------------------------------------------
            ↓ Particionamos el array
-----------------------------------------------------
| MENORES QUE EL PIVOTE | MAYORES QUE EL PIVOTE |
-----------------------------------------------------
  ["lima"]                    ["loma", "rama", "roma"]
```

(Comparación alfabética: "lima" > "casa" → va a la derecha.)

Código

```
            ↓ Ordenamos la parte derecha
-----------------------------------------------------
```

```
["loma", "rama", "roma"]
      ↓ pivote = "rama"
-----------------------------------------------------
| MENORES | MAYORES |
-----------------------------------------------------
   ["loma"]          ["roma"]
            ↓ Combinamos
-----------------------------------------------------
["loma", "rama", "roma"]
            ↓ Añadimos el pivote original
-----------------------------------------------------
["casa", "lima", "loma", "rama", "roma"]
```

QuickSort funciona exactamente igual con palabras que con números: solo cambia la comparación.

9.5 Pseudocódigo de QuickSort

Código

```
QuickSort(array, izquierda, derecha):
   si izquierda < derecha:
      pivote = Particionar(array, izquierda, derecha)
      QuickSort(array, izquierda, pivote - 1)
      QuickSort(array, pivote + 1, derecha)
```

La función Particionar:

- coloca el pivote en su posición final,
- mueve los elementos menores a la izquierda,
- mueve los mayores a la derecha,
- usa Swap para intercambiar elementos.

9.6 Implementación de QuickSort en VBA (Versión comentada)

Aunque el propósito central de este libro es mostrar la evolución "de la macro grabada al código profesional", he querido añadir esta versión comentada de QuickSort como **un aporte extra para el lector.** No forma parte del hilo principal del capítulo, pero sí ofrece una mirada más profunda al algoritmo y ayuda a entender cómo funciona internamente. Es un contenido adicional pensado para quienes desean ir un paso más allá y comprender cada línea del código con precisión técnica.

```
Sub QuickSort(arr As Variant, ByVal first As Long, ByVal last As Long)
' Declaración de la rutina: recibe un array y los límites del segmento a ordenar

    Dim i As Long, j As Long
' i y j son los índices que recorrerán el array desde ambos extremos.

    Dim pivot As Variant
' pivot es el elemento central que se usará para dividir el array.

    Dim temp As Variant
' temp se usa para intercambiar elementos (swap).

    i = first
' Inicializamos i en el primer índice del segmento.

    j = last
' Inicializamos j en el último índice del segmento.

    pivot = arr((first + last) \ 2)
' Seleccionamos el pivote: el elemento central del rango.
' El operador "\" realiza una división entera.
```

```
        Do While i <= j
' Bucle principal de partición: avanza mientras los
índices no se crucen.
            Do While arr(i) < pivot
                i = i + 1
            Loop
' Avanza i hacia la derecha hasta encontrar un
valor mayor o igual al pivote.

            Do While arr(j) > pivot
                j = j - 1
            Loop
' Avanza j hacia la izquierda hasta encontrar un
valor menor o igual al pivote.

            If i <= j Then
' Si los índices aún no se han cruzado,
intercambiamos los elementos.
                temp = arr(i)
                arr(i) = arr(j)
                arr(j) = temp
' Intercambio clásico: swap arr(i) con arr(j).
                i = i + 1
                j = j - 1
' Avanzamos ambos índices para continuar la
partición.
            End If
        Loop
' Fin del bucle de partición: en este punto el
array está dividido en dos partes.

        If first < j Then QuickSort arr, first, j
' Llamada recursiva para ordenar la parte izquierda
del pivote.
        If i < last Then QuickSort arr, i, last
' Llamada recursiva para ordenar la parte derecha
del pivote.

End Sub
```

Comentarios generales sobre el funcionamiento

- Este QuickSort utiliza **recursión**, lo que permite dividir el problema en segmentos cada vez más pequeños.
- El pivote central evita, en la mayoría de los casos, particiones desbalanceadas.
- El algoritmo trabaja **100% en memoria**, lo que lo hace extremadamente rápido en VBA.
- El intercambio de elementos se realiza mediante una variable temporal (temp).
- La condición i <= j garantiza que los índices no se crucen antes de intercambiar.
- Las llamadas recursivas solo se ejecutan si el segmento tiene más de un elemento.

Esta implementación comentada de QuickSort es un complemento técnico que aporta una visión más profunda del algoritmo y representa una solución profesional para ordenar datos en memoria dentro de VBA. Su estructura es compacta, clara y eficiente, y permite ordenar arrays de cualquier tamaño con un rendimiento muy superior al de la ordenación tradicional en la hoja.

Aunque no forma parte del objetivo principal del capítulo, sí ofrece al lector una herramienta valiosa para comprender cómo funciona QuickSort desde dentro. Analizar cada línea del código es fundamental para dominar el algoritmo y adaptarlo a escenarios más complejos, como ordenación por múltiples criterios, arrays paralelos o estructuras personalizadas.

9.7 Ventajas reales en Excel

Cuando QuickSort se aplica a datos extraídos de la hoja:

1. Se cargan en un array.
2. Se ordenan en memoria.
3. Se vuelcan de vuelta a la hoja.

El rendimiento mejora de forma espectacular:

- procesos que tardaban segundos pasan a milisegundos,
- el código deja de depender de rangos,
- desaparecen los problemas de selección,
- el algoritmo funciona igual con 100 o con 100.000 elementos.

9.8 Errores comunes al implementar QuickSort en VBA

Aunque QuickSort es elegante y relativamente sencillo, su implementación en VBA puede fallar si no se cuidan ciertos detalles.

9.8.1 Límites del array incorrectos

Provocan:

- recursión infinita,
- errores "subscript out of range".

9.8.2 Selección incorrecta del pivote

Si first y last están mal definidos, el pivote puede apuntar a una posición inexistente.

9.8.3 No avanzar i y j tras un intercambio

Olvidar:

i = i + 1

j = j - 1

produce bucles infinitos.

9.8.4 Comparaciones de texto incorrectas

Las comparaciones de cadenas en VBA son sensibles a mayúsculas y acentos.

Usa:

StrComp(arr(i), pivot, vbTextCompare)

9.8.5 Declarar el array con un tipo específico

QuickSort debe funcionar con cualquier tipo de dato. Declara siempre como Variant.

9.8.6 Intentar ordenar un rango directamente

QuickSort solo ordena arrays. Siempre:

1. leer el rango en un array,
2. ordenar el array,
3. escribirlo de vuelta.

9.8.7 No comprender la recursión

QuickSort se llama a sí mismo. Si no se entiende la recursión, es fácil romper el algoritmo.

9.8.8 Usar QuickSort para arrays muy pequeños

Para menos de 10 elementos, es más eficiente usar InsertionSort.

9.8.9 No gestionar valores vacíos o nulos

Normaliza los datos antes de ordenar.

9.8.10 Olvidar que QuickSort no es estable

Elementos iguales pueden cambiar de orden. Si necesitas estabilidad: usa MergeSort.

9.9 Cuándo NO usar QuickSort

QuickSort es excelente, pero no universal. Evítalo cuando:

- el array es muy pequeño,
- se requiere estabilidad,
- las particiones son muy desbalanceadas,
- los datos no son comparables,
- el array es multidimensional,
- la ordenación depende de múltiples criterios,
- el volumen es tan grande que la recursión puede fallar.

Saber cuándo **no** usar QuickSort es parte de ser un programador profesional.

9.10 Tabla comparativa de algoritmos de ordenación en VBA

Algoritmo	Complejidad media	Peor caso	Esta_ ble	Recur_ sivo	Velocidad en Arrays grandes	Dificultad en VBA	Uso recomedado
QuickSort	O(n log n)	O(n²)	No	Yes	Excelente	Fácil	Caso general
MergeSort	O(n log n)	O(n log n)	Yes	Yes	Muy rápido	Complejo	Estabilidad, multi-criterio
HeapSort	O(n log n)	O(n log n)	No	No	Muy rápido	Dificil	Evitar recursión
InsertionSort	O(n²)	O(n²)	Yes	No	Rápido en Arrays pequeños	Muy fácil	<10 elementos
SelectionSort	O(n²)	O(n²)	No	No	Lento	Muy fácil	Educativo
BubbleSort	O(n²)	O(n²)	Yes	No	Muy lento	Muy fácil	Nunca en producción

Interpretación profesional

- **QuickSort**: mejor opción general para VBA.
- **MergeSort**: ideal para estabilidad y múltiples criterios.
- **HeapSort**: rápido y sin recursión, pero difícil de implementar.
- **InsertionSort**: sorprendentemente eficiente para arrays pequeños.
- **SelectionSort y BubbleSort**: solo para enseñanza.

9.11 Conclusión

QuickSort es el algoritmo ideal para VBA porque:

- trabaja completamente en memoria,
- evita accesos lentos a la hoja,
- escala con grandes volúmenes de datos,
- aprovecha la estructura natural de los arrays,
- es rápido, elegante y fácil de implementar.

Es la herramienta perfecta para transformar macros lentas en código profesional.

9.12 Ejercicio práctico: implementar QuickSort y medir su rendimiento

Este ejercicio permite al lector comprobar por sí mismo la diferencia real entre **ordenar en la hoja** y **ordenar en memoria.**

Hasta ahora hemos visto teoría, diagramas y ejemplos. Ahora toca medir tiempos reales y ver qué ocurre cuando Excel y QuickSort se enfrentan al mismo problema.

El objetivo es doble:

- demostrar que el cuello de botella no es el algoritmo, sino **la comunicación entre Excel y la hoja**,
- y mostrar cómo QuickSort transforma el rendimiento cuando se trabaja **en memoria**, como hacen los programadores profesionales.

Antes de empezar: recomendación importante

Para obtener resultados fiables, el lector debe realizar este ejercicio en:

- **un libro nuevo de Excel**,
- **una hoja nueva**,
- **sin filtros, sin tablas y sin formato condicional.**

Esto garantiza que los tiempos reflejen únicamente el rendimiento del motor de Excel y del algoritmo QuickSort, sin interferencias externas.

Crea un módulo VBA y copia los siguientes Sub.

1. `Sub AleatoriosSinRepetidosOrdenadosConExcel()`
2. `Sub AleatoriosSinRepetidosOrdenadosConQuickSort()`
3. `Public Sub QuickSortFastMemory(arr() As Long)`

1. Ordenar 1.000.000 de datos con Excel

En este primer experimento, Excel:

- genera 1.000.000 de números aleatorios (Columna A:,
- los copia en la columna B:,
- y los ordena con su motor nativo (Sort).

El lector verá que Excel tarda **varios segundos**, no por el algoritmo, sino por la enorme cantidad de operaciones que realiza sobre la hoja.

```
    Sub AleatoriosSinRepetidosOrdenadosConExcel()

        Dim arr() As Long
        Dim i As Long, j As Long
        Dim tmp As Long
        Dim t As Double

        Columns("A:B").Select
        Selection.ClearContents
        Range("D3").Select
        Selection.ClearContents

        t = Timer

        Randomize

        ReDim arr(1 To 1000000)
        For i = 1 To 1000000
            arr(i) = i
        Next i

        For i = 1000000 To 2 Step -1
            j = Int(Rnd() * i) + 1
            tmp = arr(i)
            arr(i) = arr(j)
            arr(j) = tmp
        Next i

        For i = 1 To 1000000
            Cells(i, 1).Value = arr(i)
        Next i
        Range("B:B").Value = Range("A:A").Value

        Range("B1:B1000000").Sort  Key1:=Range("B1"),
Order1:=xlAscending

        Range("D3").Select
        ActiveCell.FormulaR1C1 = "Excel ha tardado en
generar 1.000.000 de nº aleatorios y ordenarlos: " &
Format(Timer - t, "0.000") & " segundos"

End Sub
```

2. Ordenar 1.000.000 de datos con QuickSort en memoria

En este segundo experimento, QuickSort:

- genera los mismos 1.000.000 de números,
- los mezcla con Fisher–Yates,
- los ordena completamente en memoria,
- y solo al final escribe los bloques en la hoja.

El lector verá que QuickSort tarda **milisegundos**, y que el tiempo más alto no es el algoritmo, sino **escribir los datos en Excel**.

```
Sub AleatoriosSinRepetidosOrdenadosConQuickSort()

    Dim arr() As Long
    Dim arr2D As Variant
    Dim i As Long, j As Long, tmp As Long
    Dim t As Double, t1 As Double

    Columns("A:B").ClearContents
    Range("D5:D6").ClearContents

    ' Tiempo: generar + mezclar
    t = Timer
    Randomize

    ' Crear array 1..1.000.000
    ReDim arr(1 To 1000000)
    For i = 1 To 1000000
        arr(i) = i
    Next i

    ' Fisher-Yates completo (aleatorios sin
repetir)
    For i = 1000000 To 2 Step -1
        j = Int(Rnd() * i) + 1
        tmp = arr(i)
```

```
        arr(i) = arr(j)
        arr(j) = tmp
    Next i

    ' Mostrar tiempo de generación + mezcla
    Range("D5").Formula = "QuickSort ha tardado en
generar y mezclar 1.000.000 de nº: " & _
Format(Timer - t, "0.000") & " segundos"

    ' Escribir los aleatorios en A
    ReDim arr2D(1 To 1000000, 1 To 1)
    For i = 1 To 1000000
        arr2D(i, 1) = arr(i)
    Next i
    Range("A1:A1000000").Value = arr2D

  ' Tiempo: ordenar en memoria + escribir ordenados
en B
    t1 = Timer

    ' Ordenar en memoria
    QuickSortFastMemory arr

    ' Pasar array ordenado a 2D
    For i = 1 To 1000000
        arr2D(i, 1) = arr(i)
    Next i

    ' Escribir ordenados en B
    Range("B1:B1000000").Value = arr2D

    ' Mostrar tiempo de ordenación + escritura
    Range("D6").Formula = "QuickSort ha tardado en
ordenar y escribir los datos: " & _
Format(Timer - t1, "0.000") & " segundos"

  End Sub
```

```
Public Sub QuickSortFastMemory(arr() As Long)

    Dim stackL() As Long, stackR() As Long ' Pilas
para subrangos
    Dim sp As Long  ' Puntero de pila
    Dim i As Long, j As Long ' Índices de partición
    Dim pivot As Long  ' Pivote central
    Dim tmp As Long  ' Variable para intercambios
    Dim L As Long, R As Long ' Límites del subrango

    ' Reservar espacio para las pilas
    ReDim stackL(1 To 10000)
    ReDim stackR(1 To 10000)

    ' Inicializar pila con el rango completo
    sp = 1
    stackL(sp) = LBound(arr)
    stackR(sp) = UBound(arr)

    ' Procesar mientras haya subrangos pendientes
    Do While sp > 0

        L = stackL(sp)
        R = stackR(sp)
        sp = sp - 1

        ' Partición del subrango
        Do While L < R

            i = L
            j = R
pivot = arr((L + R) \ 2)  ' Pivote central

   ' Bucle de partición
   Do While i <= j

       Do While arr(i) < pivot: i = i + 1: Loop
       Do While arr(j) > pivot: j = j - 1: Loop

           If i <= j Then
               tmp = arr(i)
               arr(i) = arr(j)
```

```
                arr(j) = tmp
                i = i + 1
                j = j - 1
            End If

    Loop

      ' Procesar primero el subrango más pequeño
          If (j - L) < (R - i) Then

              If i < R Then
                  sp = sp + 1
                  stackL(sp) = i
                  stackR(sp) = R
              End If

              R = j

          Else

              If L < j Then
                  sp = sp + 1
                  stackL(sp) = L
                  stackR(sp) = j
              End If

              L = i

          End If

        Loop

      Loop

End Sub
```

Este procedimiento que acabamos de ver QuickSortFastMemory — Versión iterativa optimizada para VBA implementa QuickSort sin recurrir a recursión. En lugar de llamadas recursivas, utiliza dos pilas manuales (stackL y stackR) para almacenar los subrangos pendientes de ordenar.

¿Por qué es importante?

• VBA no está diseñado para manejar recursión profunda.

Ordenar cientos de miles o millones de elementos puede desbordar la pila de ejecución.

• Esta versión iterativa evita ese problema y permite ordenar arrays gigantes con total seguridad.

• Todo ocurre en memoria: sin repintado, sin eventos, sin llamadas COM. Por eso es extremadamente rápida.

Funcionamiento general

1. Se inicializan dos pilas para almacenar los límites izquierdo (L) y derecho (R) de cada subrango.
2. Se introduce el rango completo del array en la pila.
3. Mientras haya subrangos pendientes:
    - Se extrae uno.
    - Se selecciona un pivote central.
    - Se particiona el subrango usando dos índices (i y j).
    - Se intercambian elementos cuando corresponde.

    Tras la partición, el subrango se divide en dos:

    - izquierda: L..j
    - derecha: i..R

Para minimizar el tamaño de la pila, SIEMPRE se procesa primero el subrango más pequeño y se apila el más grande.

Cuando la pila queda vacía, el array está completamente ordenado.

Ventajas de esta implementación

- Ultra rápida: todo ocurre en memoria.
- Sin recursión: segura para millones de elementos.
- Pivote central: particiones más equilibradas.
- Uso eficiente de la pila: evita desbordamientos.

Comparar resultados

Los tiempos típicos que verá el lector son:

- **Excel generando y ordenando:** varios segundos
- **QuickSort generando y ordenando:** milisegundos
- **Excel escribiendo 1.000.000 de valores:** ~1 segundo

Esta comparación revela la idea clave del capítulo:

El cuello de botella no es el algoritmo. El cuello de botella es Excel escribiendo o leyendo datos.

QuickSort no es "mágico": simplemente trabaja donde Excel es más lento, en la hoja. Y evita lo que Excel hace peor: escribir celda a celda.

Reflexión final

Para cerrar el ejercicio, el lector debe responder:

- ¿Qué diferencia observa entre ordenar en la hoja y ordenar en memoria?
- ¿Qué ventajas aporta QuickSort en macros que procesan grandes volúmenes de datos?
- ¿Cómo podría aplicar QuickSort en sus propios proyectos?

Estas preguntas consolidan la idea clave del capítulo: **la hoja es el cuello de botella, no el algoritmo.**

Transición final del capítulo

Con este ejercicio práctico, el lector ha comprobado que QuickSort no es solo teoría: es una herramienta real que transforma el rendimiento de cualquier macro que trabaje con grandes volúmenes de datos.

Este es un punto de inflexión en el libro. Hasta ahora hemos recorrido el camino que va desde la macro grabada hasta la ingeniería de macros. QuickSort representa el momento en el que el lector deja de depender de la hoja y empieza a trabajar directamente en memoria, como hacen los programadores profesionales.

A partir de aquí, ya dispones de una base sólida para escribir código más rápido, más limpio y más eficiente.

Pasamos, por tanto, al **Capítulo 10 — Recursos y herramientas**, donde reunimos el material esencial para continuar evolucionando hacia un nivel profesional completo.

Capítulo 10 — Recursos y herramientas

10.1 Plantillas de código

Las plantillas de código son uno de los recursos más valiosos para cualquier persona que trabaja con VBA. No solo ahorran tiempo, sino que garantizan consistencia, claridad y buenas prácticas desde el primer momento. Una plantilla bien diseñada evita errores comunes, establece una estructura lógica y permite que cualquier macro empiece con una base sólida.

Entre las plantillas más útiles se encuentran:

- estructuras estándar de procedimientos Sub y Function,
- módulos preparados para trabajar con arrays,
- plantillas para ordenación de datos,
- plantillas para validación y control de errores,
- y plantillas para informes automatizados.

Usar plantillas no es "hacer trampas": es aplicar ingeniería. Es construir sobre cimientos firmes para que el código final sea más robusto, más claro y más fácil de mantener.

10.2 Scripts de prueba

Los scripts de prueba son pequeños fragmentos de código diseñados para verificar que una macro funciona correctamente antes de integrarla en un proyecto más grande. Son esenciales para detectar errores, validar resultados y asegurar que cada parte del sistema se comporta como debe.

Un buen script de prueba debe:

- ejecutar la macro con datos controlados,
- mostrar resultados claros en la ventana inmediato,
- detectar comportamientos inesperados,
- y permitir repetir la prueba tantas veces como sea necesario.

La programación profesional no consiste en escribir código y esperar que funcione: consiste en probar, medir, corregir y volver a probar. Los scripts de prueba son la herramienta que convierte esa filosofía en práctica.

10.3 Herramientas de depuración

Depurar es una habilidad tan importante como escribir código.

El editor de VBA incluye herramientas poderosas que permiten analizar el comportamiento de una macro paso a paso y detectar exactamente dónde se produce un error.

Las herramientas más importantes son:

- **Breakpoints:** puntos de interrupción para detener la ejecución en una línea concreta.
- **Step Into / Step Over:** ejecución paso a paso para observar el flujo del programa.
- **Watch Window:** seguimiento de variables en tiempo real.
- **Immediate Window:** evaluación rápida de expresiones y pruebas instantáneas.
- **Locals Window:** visualización del estado de todas las variables locales.

Dominar estas herramientas convierte la depuración en un proceso lógico y controlado, no en un ejercicio de adivinación. Un ingeniero de macros no teme a los errores: los analiza, los entiende y los corrige con método.

10.4 Referencias y enlaces útiles

El aprendizaje de VBA no termina con este libro. Existen recursos externos que complementan y amplían tus conocimientos, desde documentación oficial hasta comunidades donde otros programadores comparten soluciones y buenas prácticas.

Algunas referencias recomendadas incluyen:

- **Documentación oficial de Microsoft VBA** Explicaciones detalladas de objetos, métodos y propiedades.
- **Foros especializados en Excel y VBA** Espacios donde resolver dudas reales y ver cómo otros abordan problemas complejos.
- **Repositorios de código y ejemplos prácticos** Plantillas, funciones y módulos listos para usar y estudiar.
- **Blogs y canales técnicos** Artículos y tutoriales que profundizan en técnicas avanzadas y casos reales.

"Has recorrido el camino desde la macro grabada hasta la ingeniería de macros. A partir de aquí, el código que escribas ya no será solo funcional: será profesional. Este libro termina aquí, pero tu ingeniería de macros comienza ahora. Cada línea de código que escribas será un paso más hacia la excelencia."

Epílogo

E.1 El futuro del VBA y la automatización

Durante décadas, VBA ha sido el motor silencioso que ha permitido a millones de personas automatizar tareas, transformar datos y construir soluciones que Excel, por sí solo, no podía ofrecer. Aunque han surgido nuevas tecnologías —Power Automate, Office Scripts, Python en Excel— VBA sigue ocupando un lugar único: es directo, accesible y está profundamente integrado en el flujo de trabajo de quienes viven en Excel.

El futuro de la automatización no será una sustitución, sino una convivencia. VBA seguirá siendo la herramienta ideal para procesos locales, rápidos y personalizados. Office Scripts y Power Automate cubrirán la nube y la colaboración. Python aportará potencia analítica. Y Excel, como siempre, será el punto de encuentro.

Quien domine VBA hoy no está aprendiendo algo "viejo": está construyendo una base sólida para entender cualquier lenguaje de automatización del mañana. La lógica, la estructura y la forma de pensar que se adquieren aquí son universales. El futuro no es abandonar VBA; es integrarlo en un ecosistema más amplio donde cada herramienta aporta su fuerza.

E.2 Cómo seguir aprendiendo

La programación es un camino que nunca termina. Cada macro que escribes, cada error que corriges y cada mejora que implementas te convierte en un mejor ingeniero de soluciones. Si quieres seguir creciendo, aquí tienes una ruta clara:

- **Practica con problemas reales.** La teoría es útil, pero la maestría nace de resolver necesidades concretas.

- **Lee código ajeno.** Ver cómo otros estructuran sus soluciones amplía tu perspectiva.
- **Explora nuevas herramientas.** Python, Power Query, Office Scripts… todo suma.
- **Refactoriza tu propio código.** Volver a una macro antigua y mejorarla es una de las mejores formas de aprender.
- **Comparte lo que sabes.** Enseñar es la forma más profunda de comprender.

El aprendizaje no es una línea recta: es una espiral ascendente. Cada vuelta te lleva más arriba, con más claridad y más dominio.

E.3 Reflexión final: del código al pensamiento lógico

Este libro no trata solo de macros. Trata de algo más profundo: **la forma en que pensamos cuando resolvemos problemas**.

La evolución que has visto —de una macro grabada a un algoritmo optimizado— es la misma evolución que ocurre en la mente del programador. Pasamos de repetir pasos a entenderlos, de ejecutar instrucciones a diseñarlas, de escribir código a construir lógica.

Programar no es escribir líneas: es ordenar ideas. Optimizar no es hacer que algo sea más rápido: es hacerlo más inteligente. Automatizar no es evitar trabajo: es liberar tiempo para pensar mejor.

Si has llegado hasta aquí, ya no eres alguien que "usa macros". Eres alguien que **piensa como un ingeniero de macros**.

Y ese pensamiento —estructurado, claro, lógico, elegante— te acompañará en cualquier proyecto, en cualquier lenguaje y en cualquier reto que decidas afrontar.

Este libro termina aquí. Tu camino como creador de soluciones empieza ahora.

Agradecimientos

Este libro no habría sido posible sin todas las personas que, directa o indirectamente, han formado parte de este camino. A quienes me han acompañado en el aprendizaje, en la enseñanza y en la curiosidad constante por entender cómo funcionan las cosas, gracias.

A mis alumnos, por cada pregunta que me obligó a pensar mejor, por cada reto que me llevó a buscar nuevas soluciones y por cada momento en el que demostraron que aprender es un acto de valentía. Este libro está inspirado en vosotros: en vuestras dudas, en vuestro esfuerzo y en vuestra capacidad para transformar la complejidad en claridad.

A quienes han confiado en mi trabajo, en mis explicaciones y en mi forma de enseñar, gracias por permitirme crecer como profesional y como persona. Cada proyecto, cada conversación y cada problema resuelto ha sido parte de este recorrido.

Y a quienes leen este libro, gracias por dedicar tiempo a aprender, a mejorar y a explorar. Ojalá estas páginas te acompañen en tu propio camino, te inspiren a pensar con lógica, a diseñar con intención y a construir soluciones que hagan tu trabajo más eficiente y tu pensamiento más preciso.

Gracias por estar aquí. Gracias por aprender. Gracias por crear.

Glosario

Término	Definición
Array 1D	Estructura de datos de una sola dimensión, equivalente a una lista.
Array 2D	Estructura de datos de dos dimensiones, equivalente a un rango de Excel.
Comparación no sensible a mayúsculas	Comparación que ignora diferencias entre mayúsculas y minúsculas.
Portapapeles	Memoria temporal donde Excel almacena datos copiados.
Contador	Variable que se incrementa en cada iteración de un bucle.
Eliminar filas	Acción de borrar filas completas de una hoja.
Rango dinámico	Rango que se ajusta automáticamente al número real de filas con datos.
Rango fijo	Rango definido manualmente que no se adapta a los datos reales.
Filtrar palabras	Identificar celdas con texto ignorando valores numéricos.
Detección de encabezados	Excel determina si la primera fila debe tratarse como encabezado.
Procesamiento en memoria	Manipulación de datos dentro de arrays sin interactuar con la hoja.
Inicializar variable	Asignar un valor inicial antes de usar una variable.
Detección de última fila	Técnica para encontrar la última fila no vacía en una columna.
Macro	Conjunto de instrucciones VBA que automatiza tareas.
No numérico	Condición utilizada para detectar palabras o texto.
Pivote	Elemento central que QuickSort utiliza para dividir el array.
Método PinYin	Método de ordenación diseñado para caracteres chinos.
QuickSort	Algoritmo de ordenación eficiente basado en pivotes y recursión.

Claves aleatorias	Valores aleatorios utilizados como criterio de ordenación.
Valores aleatorios	Valores generados con RAND() o Rnd() para ordenación aleatoria.
Rango AD3:AD...	Rango vertical utilizado como origen de datos.
Rango A:B	Rango completo de dos columnas.
Recursión	Técnica en la que una función se llama a sí misma.
Recorrer filas	Iterar fila por fila para analizar o modificar datos.
Dependencia de selección	Código que depende de la selección activa.
Ordenación	Proceso de reorganizar datos según criterios definidos.
Criterios de ordenación	Reglas que Excel utiliza para ordenar un rango.
Intercambiar elementos	Cambiar dos posiciones dentro de un array.
Convertir a valores	Reemplazar fórmulas por sus resultados estáticos.
Ordenación vertical	Ordenación por filas.

A modo de Epílogo –

Ingeniería de Macros

Este libro se desarrolló con un objetivo claro: ofrecer una guía práctica, ordenada y aplicable para quienes trabajan con automatización en Excel y VBA. Cada capítulo, cada ejemplo y cada procedimiento fueron construidos con la intención de aportar herramientas reales, comprensibles y listas para integrar en entornos de trabajo donde la eficiencia marca la diferencia.

A lo largo del proceso, este proyecto dejó de ser solo documentación técnica. Se convirtió en una forma de consolidar criterios, depurar métodos y transformar la experiencia diaria en conocimiento estructurado. La ingeniería de macros no consiste únicamente en escribir código: implica analizar, simplificar, anticipar errores y diseñar soluciones que puedan mantenerse en el tiempo.

Este trabajo no habría sido posible sin el apoyo constante de mi esposa y mis hijas. Su paciencia y su presencia han acompañado cada etapa, desde las primeras pruebas hasta la revisión final.

A ti, lector o docente, gracias por dedicar tu tiempo a estas páginas. Si este contenido te ha permitido mejorar un proceso, comprender un concepto o avanzar en tu propio aprendizaje, entonces este libro ha cumplido su propósito.

Concluyo esta obra con la satisfacción de haber aportado una base sólida para seguir construyendo. La ingeniería de macros es un camino en evolución continua. Que este cierre sea también una invitación a seguir explorando, optimizando y documentando con rigor y claridad.

José Flores González

Otros libros del Autor

Tapa blanda

1.- Automatización en Windows: Guía Práctica con CMD y PowerShell
Páginas: 170

- ISBN-10: 840977870X
- ISBN-13: 978-8409778706

https://amazon.com/dp/840977870X
https://amzn.eu/d/bwVBG4F

2.- Automatización en Windows (English Edition): A practical guide to CMD and PowerShell
Pages: 171

- ISBN-10: 8409781425
- ISBN-13: 978-8409781425

https://amazon.com/dp/8409781425
https://amazon.es/dp/8409781425

3.- Ingeniería de Macros: De Macro Grabada a Código Profesional
Páginas: 146
ISBN-10: B0HGYSJKF4
ISBN-13: 978-8409905881
www.amazon.com/dp/B0HGYSJKF4
www.amazon.es/dp/B0HGYSJKF4

4.- Macro Engineering: From Recorded Macro to Professional Code
Páginas: 134
ISBN-10: B0HHSSHCFJ
ISBN-13: 978-8409909957
www.amazon.com/dp/B0HHSSHCFJ
www.amazon.es/dp/B0HHSSHCFJ

Kindle

0. Manual Práctico de Vitotrol 100 OT:
   - **ASIN:** B0FY82P589
   - www.amazon.com/dp/B0FY82P589
1. Ingeniería de Macros: De macro grabada a código profesional
   - **ISBN-13:** 978-8409905881
   - **https://amazon.es/dp/B0HGYSJKF4**
2. Macro Engineering: From Recorded Macro to Professional Code
   - **ISBN-13:** 978-8409905881
   - www.amazon.com/dp/B0HHSSHCFJ

Otros libros del Autor
Página de Autor en Amazon https://www.amazon.com/author/flote
Tapa blanda
Automatización en Windows (edición en español) ISBN: 978-8409778706
Automatización en Windows (English edition) ISBN: 978-8409781423
Ingeniería de Macros De Macro Grabada a Código Profesional ISBN: 978-8409905881
Macro Engineering From Recorded Macro to Professional Code ISBN: 978-8409909957
Kindle
Manual Práctico de Vitotrol 100 OT **ASIN:** B0FY82P589
Ingeniería de Macros De Macro Grabada a Código Profesional **ASIN:** B0HGYSJKF4
Macro Engineering From Recorded Macro to Professional Code **ASIN:** B0HHSSHCFJ

www.ingramcontent.com/pod-product-compliance
Lightning Source LLC
LaVergne TN
LVHW010729061126
851857LV00014B/1401
* 9 7 8 8 4 0 9 9 0 5 8 8 1 *